交通运输实验教程

Transport Experiment Tutorials

费瑞波 ⊙ 主编

中国科学技术大学出版社

内容简介

本书分为两部分:第一部分为基础篇,主要包括交通运输专业的基础课程实验;第二部分为拓展篇,主要包括结合本科高校交通运输专业人才培养目标定位而设置的相关课程实验。每部分都讲解了实验课程概况和实验内容,讲解了相关实验软件的基本操作,并结合实际项目案例讲述了软件应用过程,使读者能够顺利掌握实验课程的主要内容和软件的基本功能,从而提高运用软件解决实际问题的能力。

本书可以作为高等院校交通运输、交通工程、物流工程等专业本科生的实验教材,也可以作为相关专业领域人员的参考资料。

图书在版编目(CIP)数据

交通运输实验教程/费瑞波主编. —合肥:中国科学技术大学出版社,2016.7
ISBN 978-7-312-03899-0

Ⅰ. 交… Ⅱ. 费… Ⅲ. 交通运输—实验—高等学校—教材 Ⅳ. U-33

中国版本图书馆 CIP 数据核字(2016)第 162018 号

出版	中国科学技术大学出版社
	安徽省合肥市金寨路 96 号,230026
	http://press.ustc.edu.cn
印刷	安徽省瑞隆印务有限公司
发行	中国科学技术大学出版社
经销	全国新华书店
开本	710 mm×1000 mm 1/16
印张	11.25
字数	233 千
版次	2016 年 7 月第 1 版
印次	2016 年 7 月第 1 次印刷
定价	28.00 元

前　言

交通运输本科专业实践性强，与交通运输生产活动的联系十分紧密，在人才培养上强调专业技术、动手能力、适应能力和创新能力的训练和培养。我国交通运输信息化和智能化的发展及运输企业管理体制的变革，对交通运输人才的综合素质和能力提出了更高的要求，需要高层次复合型的人才。这就要求高校特别是应用型高水平大学的交通运输专业在人才培养目标、课程体系设置、课程内容等方面进行全面改革，以适应新形势下交通运输发展的要求。其中，实验教学环节最能体现交通运输的专业特性，其改革具有重要意义。

针对交通运输专业实验教学的需要，许多高校都相继设置了实验教学课程，但是在实践教学中发现现有的实验教学缺乏整体性和系统性，对学生理解专业理论知识的支撑不够，特别是实验教材建设滞后，缺少系统的实验教材，使得实验教学内容较为分散，无法充分体现交通运输生产活动的关联性和综合性。鉴于此，本书依据教育部普通高等学校本科专业介绍(2012年)，在交通运输专业教学实践的基础上，针对交通运输实验课程体系建设中存在的问题，组织编写而成。

本书针对交通运输专业的主干课程和主要专业基础课程，形成了以管理运筹学、交通工程、交通规划、交通港站与枢纽、运输组织学为基础，以道路交通安全、交通管理与控制、运输物流、物流系统分析与设计等课程为拓展的 37 个实验。实验技术和方法包括典型交通数据采集、数据分析与处理、典型方案设计和案例分析及规划、仿真软件的操作与运用。

本书由长期从事交通运输专业教学的一线教师编写而成，参编人员及其主要分工为：蚌埠学院费瑞波担任主编；管理运筹学、物流系统分析与设计实验由余建胜编写；交通工程、交通管理与控制实验由刘燕编写；交通规划、道路交通安全实验由费瑞波编写；交通港站与枢纽实验由盛旗锋编写；运输组织学实验由曹桂银编写；运输物流实验由彭惠梅编写。

本书为蚌埠学院交通运输专业综合改革试点(2012zy141)、道路节能减排工程实践中心(2013sjjd029)、地方本科院校交通运输专业实验教学改革与体系建设研究(2015jyxm388)等项目研究成果。

  本书是参编人员多年实践教学经验的总结,同时也参考借鉴了相关著作和实验资料等,在此特向相关作者表示感谢和敬意。

  由于编者水平和时间有限,书中难免存在不足之处,恳请读者批评指正。

编 者

2015 年 11 月

目　　录

前言 ……………………………………………………………………（ⅰ）

第一部分　基础篇

第1章　管理运筹学 ……………………………………………（3）
　1.1　管理运筹学课程概述 …………………………………………（3）
　1.2　典型实验项目 …………………………………………………（4）
　　实验1　WinQSB软件的基本操作 ………………………………（4）
　　实验2　线性规划问题求解 ………………………………………（15）
　　实验3　线性规划的灵敏度分析 …………………………………（19）
　　实验4　运输问题 …………………………………………………（23）
　　实验5　整数规划 …………………………………………………（26）
　　实验6　网络分析 …………………………………………………（28）

第2章　交通工程 ………………………………………………（32）
　2.1　交通工程课程概述 ……………………………………………（32）
　2.2　典型实验项目 …………………………………………………（33）
　　实验1　交叉口交通量调查 ………………………………………（33）
　　实验2　速度调查 …………………………………………………（37）
　　实验3　交通密度调查 ……………………………………………（43）
　　实验4　行车延误调查 ……………………………………………（44）

第3章　交通规划 ………………………………………………（47）
　3.1　交通规划课程概述 ……………………………………………（47）
　3.2　典型实验项目 …………………………………………………（48）
　　实验1　交通生成预测 ……………………………………………（48）
　　实验2　交通分布预测 ……………………………………………（53）
　　实验3　交通方式划分预测 ………………………………………（56）
　　实验4　交通分配预测 ……………………………………………（60）

第4章　交通港站与枢纽 ……………………………………………………（66）
4.1　交通港站与枢纽课程概述 …………………………………………（66）
4.2　典型实验项目 …………………………………………………………（66）
实验1　仿真软件VISSIM运用操作 ………………………………（66）
实验2　汽车客运站工艺流线仿真 …………………………………（70）
实验3　货运站场平面布局仿真 ……………………………………（74）
实验4　集装箱码头平面布局仿真 …………………………………（78）

第5章　运输组织学 …………………………………………………………（80）
5.1　运输组织学课程概述 …………………………………………………（80）
5.2　典型实验项目 …………………………………………………………（81）
实验1　Cube界面设置及基本操作实验 …………………………（81）
实验2　Excel预测模型应用实验 …………………………………（85）
实验3　利用LINGO软件运输组织优化 …………………………（95）

第二部分　拓展篇

第6章　道路交通安全 ………………………………………………………（101）
6.1　道路交通安全课程概述 ………………………………………………（101）
6.2　典型实验项目 …………………………………………………………（102）
实验1　交通安全评价 ………………………………………………（102）
实验2　交通安全分析 ………………………………………………（103）

第7章　道路交通管理与控制 ………………………………………………（106）
7.1　道路交通管理与控制课程概述 ………………………………………（106）
7.2　典型实验项目 …………………………………………………………（106）
实验1　熟悉Synchro信号仿真平台 ………………………………（106）
实验2　熟悉VISSIM仿真平台 ……………………………………（117）
实验3　平面交叉口管理实验 ………………………………………（124）
实验4　平面交叉口不同控制方法比较分析 ………………………（125）

第8章　物流系统分析与设计 ………………………………………………（130）
8.1　物流系统分析与设计课程概述 ………………………………………（130）
8.2　典型实验项目 …………………………………………………………（131）
实验1　时间序列预测方法 …………………………………………（131）
实验2　物流网络构造实验 …………………………………………（134）

实验3　物流配送线路优化设计方案 …………………………………（136）
　　实验4　FlexSim仿真软件操作及配货系统仿真 …………………………（138）
　　实验5　配送中心系统仿真 ……………………………………………（146）

第9章　运输物流 …………………………………………………………（157）
9.1　运输物流课程概述 …………………………………………………（157）
9.2　典型实验项目 ………………………………………………………（158）
　　实验1　企业供应链管理案例分析与方案设计 ……………………………（158）
　　实验2　企业物流调研 …………………………………………………（162）
　　实验3　干线运输组织方案设计 …………………………………………（163）
　　实验4　城市配送网络设计与优化 ………………………………………（166）
　　实验5　车辆调度与配载方案设计 ………………………………………（167）

参考文献 …………………………………………………………………（169）

第一部分

基础篇

第 1 章 管理运筹学

1.1 管理运筹学课程概述

1.1.1 管理运筹学课程简介

管理运筹学是交通运输专业的专业基础课,主要内容是应用分析、试验、量化的方法研究系统最优化的问题,通过建立模型对交通运输系统中的人力、物力、财力等资源进行统筹安排,为决策者提供有科学依据的最优方案,以实现最有效的管理。通过本课程的学习,学生能够独立解决一些常见的实际问题,建立相应的数学模型,并利用管理运筹学软件对建立的模型求解,为进一步学习其他专业课程、培养交通运输岗位职业能力打下基础。

1.1.2 管理运筹学实验课程概述

管理运筹学实验课程主要是通过实验,使学生在掌握管理运筹学相关理论、方法的基础上,运用 WinQSB 软件解决实际问题,培养学生综合分析和处理各类最优方案问题的基本能力,使学生更好地理解与掌握理论教学的内容,增强学生运用理论知识的能力。管理运筹学实验是学生在完成管理运筹学部分课程教学内容之后进行的实践教学环节,是课程学习的重要组成部分,是巩固、深化教学内容,使学生达到理论联系实际、学以致用目标的重要途径。实验要求学生具有较强的动手实践能力,通过该实验加深学生对课程基础理论、基本知识的理解,提高观察、分析和解决问题的能力,培养学生严谨的工作作风和实事求是的科学态度。通过实验讲解,使学生加深理解、验证巩固课堂教学内容;培养学生运用管理运筹学的理论和方法解决实际问题的能力,加强交通运输管理专业学生的实践动手能力和自主创新能力。

1.2 典型实验项目

实验1 WinQSB软件的基本操作

实验目的与要求

了解WinQSB软件的基本构成、运行界面和基本操作方法;基本掌握WinQSB软件的常用命令和功能;了解WinQSB软件在Windows环境下的文件管理操作。

实验仪器、设备和材料

(1) 微型计算机,WinQSB 2.0软件,Office软件。
(2) WinQSB是QSB的Windows版本,可以在Windows 9X/ME/NT/2000/XP平台下运行。

实验内容和要求

(1) 学会WinQSB的安装和启动方法。
(2) 熟悉WinQSB的界面和各项基本操作。
(3) 能用WinQSB与Office文档交换数据。

WinQSB 2.0共有19个子系统,分别用于解决运筹学不同方面的问题,如表1.1所示。

表1.1 WinQSB 2.0的19个子系统

序号	程 序	启动程序名称	内容	应用范围
1	Acceptance Sampling Analysis	ASA	抽样分析	各种抽样分析、抽样方案设计、假设分析
2	Aggregate Planning	AP	综合计划编制	具有多时期正常、加班、分时、转包生产量、需求量、存储费用、生产费用等复杂的整体综合生产计划的编制方法,将问题归结到求解线性规划模型或运输模型

续表

序号	程 序	启动程序名称	内容	应用范围
3	Decision Analysis	DA	决策分析	确定型与风险型决策、贝叶斯决策、决策树、二人零和对策、蒙特卡罗模拟
4	Dynamic Programming	DP	动态规划	最短路问题、背包问题、生产与存储
5	Facility Location and Layout	FLL	设备场地布局	设备场地设计、功能布局、线路均衡布局
6	Forecasting and Linear Regression	FLR	预测与线性回归	简单平均、移动平均、加权移动平均、线性趋势移动平均、指数平滑、多元线性回归、Holt-Winters 季节叠加与乘积
7	Goal Programming	GP	目标规划	多目标线性规划、线性目标规划，变量可以取整、连续或无限制
8	Inventory Theory and System	ITS	存储论与存储控制系统	经济订货批量、批量折扣、单时期随机模型、多时期动态存储模型、存储控制系统（各种存储策略）
9	Job Scheduling	JOB	作业调度、编制工作进度表	机器加工排序、流水线车间加工排序
10	Linear and Integer Programming	LP-ILP	线性规划与整数线性规划	线性规划、整数规划、灵敏度分析、参数分析
11	Markov Process	MKP	马尔可夫过程	转移概率、稳态概率
12	Material Requirements Planning	MRP	物料需求计划	物料需求计划的编制、成本核算
13	Network Modeling	NM	图论模型	运输、指派、最大值、最短路、最小支撑树、货郎担等问题

续表

序号	程序	启动程序名称	内容	应用范围
14	Nonlinear Programming	NLP	非线性规划	有(无)条件约束、目标函数或约束条件非线性、目标函数与约束条件都非线性等规划的求解与分析
15	PET_CPM	PERT-CPM	网络计划	关键路径法、计划评审技术、网络的优化、工程完工时间模拟、绘制特图与网络图
16	Quadratic Programming	QP	二次规划	求解线性约束、目标函数是二次型的一种非线性规划问题,变量可以取整数
17	Queuing Analysis	QA	排队分析	各种排队模型的求解与性能分析、15种分布模型、灵敏度分析、服务能力分析、成本分析
18	Queuing System Simulation	QSS	排队系统模拟	未知到达和服务时间分布、一般排队系统模拟计算
19	Quality Control Chart	QCC	质量管理控制图	建立各种质量控制图质量分析

实验操作步骤

1. 安装

WinQSB 的安装比较简单,双击 setup.exe,弹出如图 1.1 所示窗口。

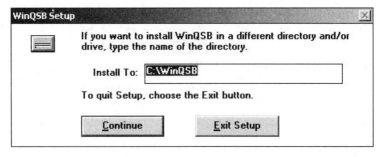

图 1.1　WinQSB 安装路径

输入安装路径(默认安装在 C 盘,如果更改目录,可能无法安装),点击 Continue 按钮,弹出如图 1.2 所示窗口。

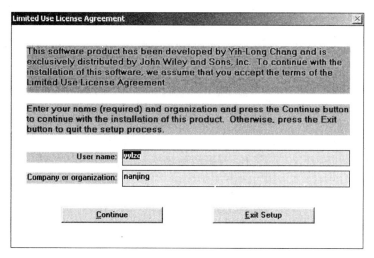

图 1.2 "Limited Use License Agreement"对话框

输入用户名和公司或组织名称,单击 Continue 按钮进行文件的复制,完成后弹出如图 1.3 所示窗口,显示安装完成,单击确定按钮退出。

图 1.3 WinQSB 安装完成

WinQSB 软件安装完毕后,会在开始→程序→WinQSB 下生成 19 个菜单项,分别对应运筹学的 19 个问题,如图 1.4 所示。

针对不同的问题,选择不同的子菜单项,运行相应的程序,然后使用 File 菜单下的 New Problem 菜单输入所需数据。

2. 运行

WinQSB 有三种窗口:启动窗口、数据输入窗口、结果输出窗口。现以 Linear and Integer Programming 为例加以说明:

(1) 启动窗口

在开始菜单中选择 Linear and Integer Programming,运行后出现如图 1.5 所示启动窗口。

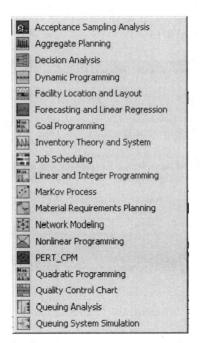

图 1.4 WinQSB 的 19 个菜单项

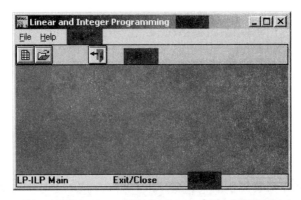

图 1.5 "Linear and Integer Programming"启动窗口

① 标题栏:显示程序的名称。

② 菜单栏:共有 2 个菜单,File 和 Help。其中,File 菜单有 3 个子菜单,分别为 New Problem(创建新问题)、Load Problem(装载问题)和 Exit(退出);Help 菜单为帮助菜单(略)。

③ 工具栏:提供执行菜单栏各功能的快捷按钮。

④ 信息栏:把鼠标移动到工具栏按钮上时,信息栏会给出相应的说明信息。

(2) 数据输入窗口

在 File 菜单中选择 New Problem 菜单(或在工具栏上点击新建按钮),出现如

图 1.6 所示对话框(注意:对应于不同的子程序,弹出对话框的内容是不同的)。

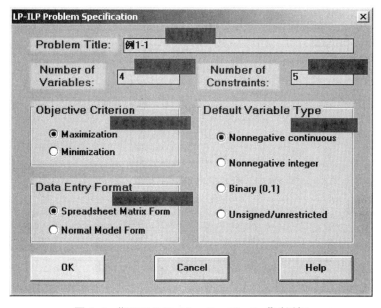

图 1.6 "LP-ILP Problem Specification"对话框

点击 OK 按钮,进入数据输入窗口,如图 1.7 所示。

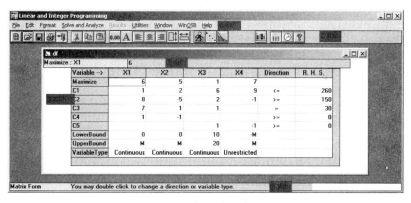

图 1.7 数据输入窗口

① 菜单栏:共有 File、Edit、Format、Solve and Analyze、Results(此处为灰色不可用)、Utilities、Window、WinQSB 和 Help 9 个菜单。

File 菜单:共有 9 个子菜单,如图 1.8 所示,分别为 New Problem(新建问题)、Load Problem(装载问题)、Close Problem(关闭问题)、Save Problem(保存问题)、Save Problem As(问题另存)、Print Problem(打印问题)、Print Font(打印字体)、Print Setup(打印设置)、Exit(退出)。

Edit 菜单:有 13 个子菜单,如图 1.9 所示。

图 1.8 File 的子菜单

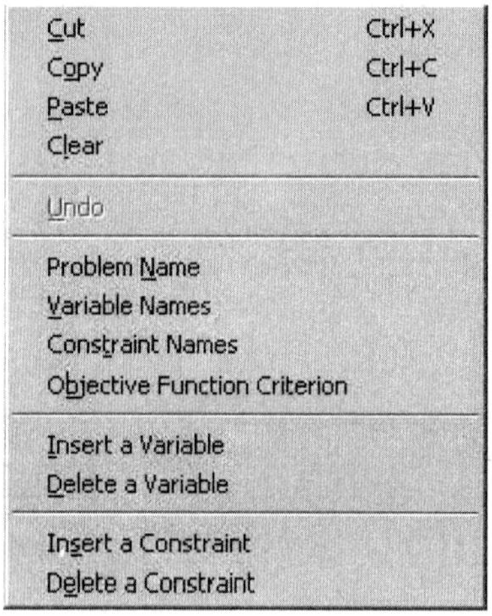

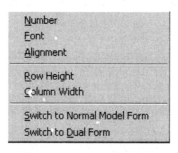

图 1.9 Edit 的子菜单

需要注意的是，除了 Cut、Copy 等第一部分和 Undo 第二部分外，其他部分的子菜单会随所选程序的不同而不同。具体见后面实验。

Format 菜单：有 7 个子菜单，如图 1.10 所示。各子菜单具体功能如下：

图 1.10 Format 的子菜单

Number:用于选择数字的显示格式,选择此菜单,弹出如图 1.11 所示窗口。

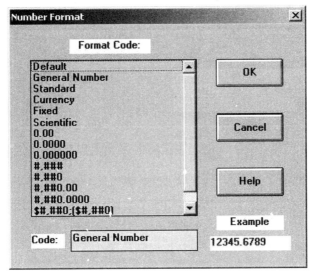

图 1.11 "Number Format"对话框

Font:用于选择显示字体(为 Windows 标准的字体对话框)。

Alignment:电子表格文字的对齐方式。选择此菜单,弹出如图 1.12 所示窗口。左上部分为文字对齐方式(左、右、中),右上部分为对齐方式的应用范围(应用于所有列、首行、首列、选定的列)。

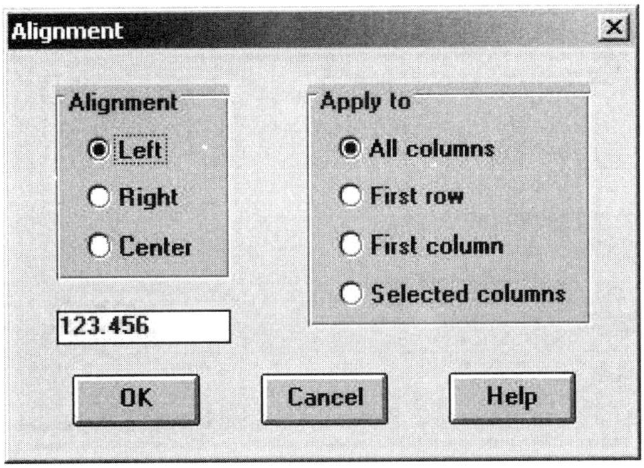

图 1.12 "Alignment"对话框

Row Height:调节电子表格行高。
Column Width:调节电子表格列宽。
根据子程序的不同,Format 菜单中会有不同的子菜单,具体见后面各问题的详细解法。

Solve and Analyze 菜单:有 8 个子菜单,如图 1.13 所示。

图 1.13　Solve and Analyze 的子菜单

它也会根据不同的子程序而有不同的子菜单,主要有 Solve the Problem(求解问题)、Solve and Display Steps(求解并显示过程)。

Utility 菜单:此菜单较简单,主要是提供几个小工具,有 Calculator(计算器)、Clock(时钟)和 Graph/Chart(图表)。

Window 菜单:如图 1.14 所示,此处会显示已经打开的子窗口的名称,可方便地进行切换。

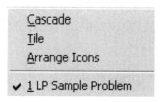

图 1.14　Window 子菜单

Cascade:层叠,各子窗口的显示如图 1.15 所示。

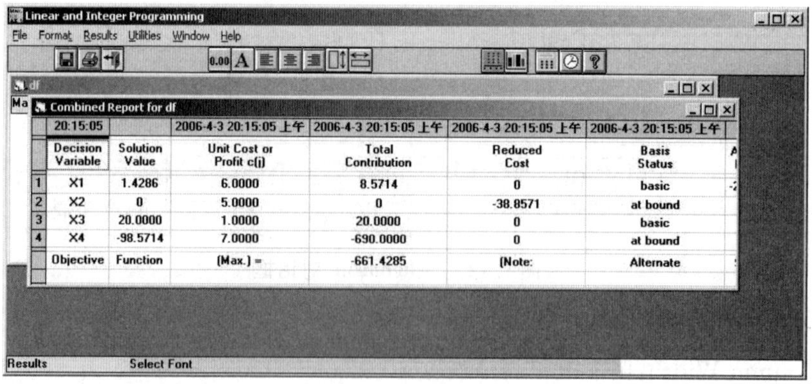

图 1.15　层叠

Title:平铺,各子窗口的显示如图 1.16 所示。

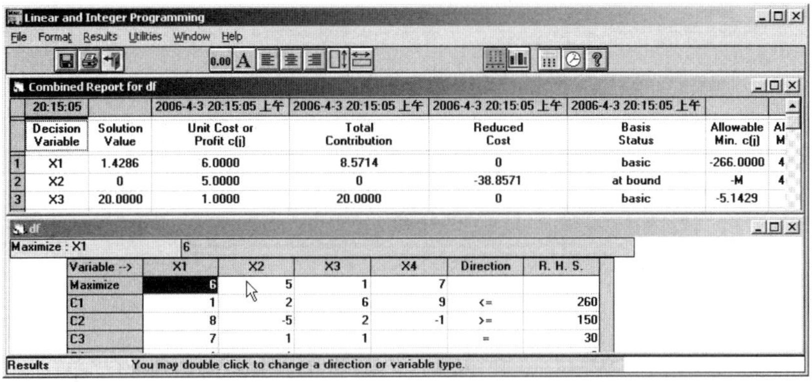

图 1.16 平铺

WinQSB 菜单:WinQSB 菜单提供了 WinQSB 的 19 个功能的菜单,可在此处方便地打开其他子程序。

Help 菜单:提供 WinQSB 的帮助。

② 工具栏:此处提供了比启动窗口更丰富的工具按钮。

③ 主窗口:在此处输入具体问题的数据。

(3) 结果输出窗口

在输入了数据之后,选择 Solve and Analyze 菜单下的 Solve the Problem 菜单,问题求解后弹出结果输出窗口,如图 1.17 所示。

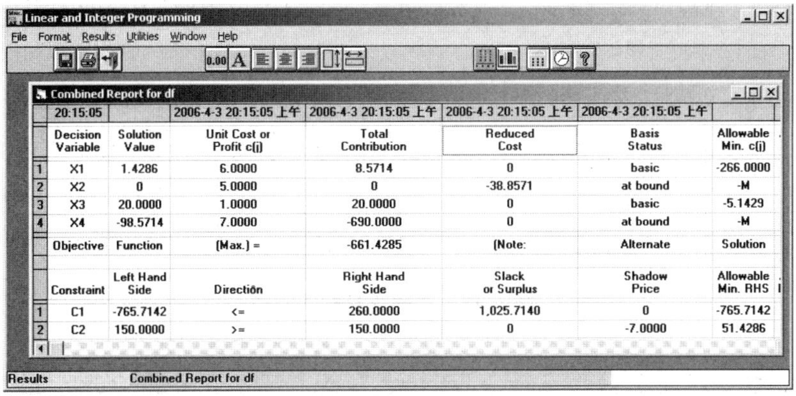

图 1.17 结果输出窗口

① 菜单栏:有 File、Format、Results、Utilities、Window 和 Help 6 个菜单。

File 菜单:有 7 个子菜单,如图 1.18 所示,分别为 Print(打印)、Quick Print Window(快速打印窗口)、Save As(结果另存)、Copy to Clipboard(复制到剪贴板)、Print Font(打印字体设置)、Print Setup(打印设置)、Exit(退出)。

Result 菜单：主要是对问题进行各种分析和显示，根据不同的子程序会有所不同。

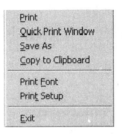

图 1.18　File 的子菜单

Format、Utilities、Window 和 Help 菜单同数据输入窗口中的菜单。

② 工具栏：提供命令的快捷按钮。

③ 结果显示窗口：把问题的计算结果以表格或图形的形式显示出来。

3. WinQSB 与 Excel 表格交换数据

(1) 从 Excel 表格中复制数据到 WinQSB

先选中 Excel 表格中要复制的数据，如图 1.19 所示，点击复制或按“Ctrl+C”键，然后在 WinQSB 的电子表格编辑状态下选中要粘贴的单元格，如图 1.20 所示，点击粘贴或按“Ctrl+V”键完成复制。

注意：粘贴过程与在 Excel 表中的粘贴有区别。在 WinQSB 中选中的单元格应与在 Excel 表中选中的单元格(行列数)相同，否则只能复制部分数据。例如在 Excel 表中复制 3 行 10 列，在 WinQSB 中选中 3 行 5 列粘贴，则只能复制 3 行 5 列的数据。

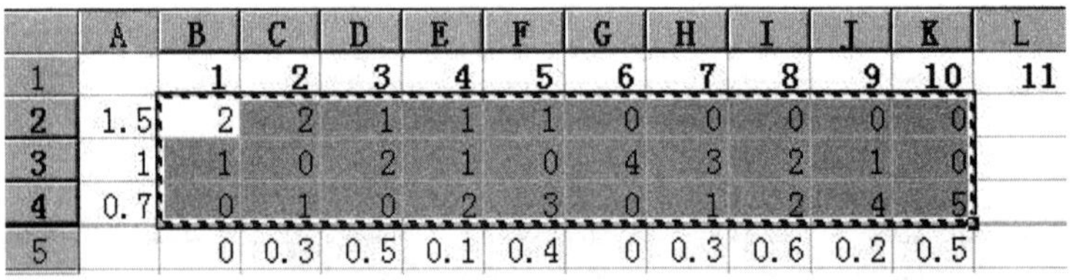

	A	B	C	D	E	F	G	H	I	J	K	L
1		1	2	3	4	5	6	7	8	9	10	11
2	1.5	2	2	1	1	1	0	0	0	0	0	
3	1	1	0	2	1	0	4	3	2	1	0	
4	0.7	0	1	0	2	3	0	1	2	4	5	
5		0	0.3	0.5	0.1	0.4	0	0.3	0.6	0.2	0.5	

图 1.19　选中要复制的数据

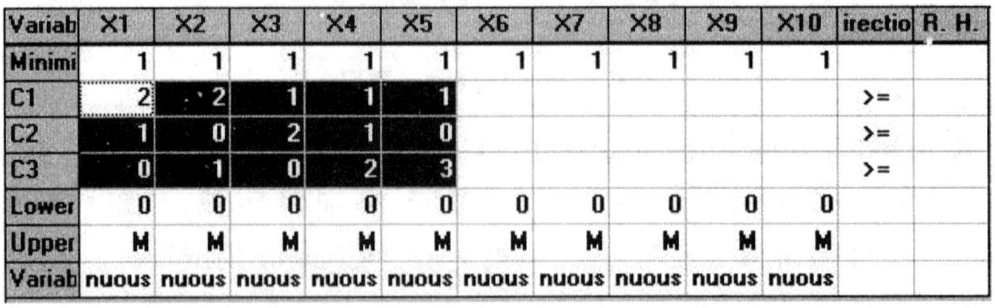

Variab	X1	X2	X3	X4	X5	X6	X7	X8	X9	X10	irectio	R. H.
Minimi	1	1	1	1	1	1	1	1	1	1		
C1	2	2	1	1	1						>=	
C2	1	0	2	1	0						>=	
C3	0	1	0	2	3						>=	
Lower	0	0	0	0	0	0	0	0	0	0		
Upper	M	M	M	M	M	M	M	M	M	M		
Variab	nuous	nuous	nuous	nuous	nuous	nuous	nuous	nuous	nuous	nuous		

图 1.20　选中要粘贴的单元格

(2) 把 WinQSB 数据输入窗口中的数据复制到 Excel 表格

先清空剪贴板(可用 Excel 表格中 Edit 菜单下的 Office 剪贴板来清空),然后在 WinQSB 表格中选中要复制的数据,选 Edit 菜单下的 Copy,然后在 Excel 表格中复制即可。

(3) 把 WinQSB 结果输出窗口中的数据复制到 Excel 表格

先清空剪贴板,然后在 WinQSB 结果输出表格中选中要复制的数据,选 File 菜单下的 Copy to Clipboard,然后在 Excel 表格中复制即可。

实验 2　线性规划问题求解

实验目的与要求

熟悉 WinQSB 软件常用命令和功能,在学习线性规划相关理论的基础上,进一步学习利用 WinQSB 软件求解线性规划程序及各相关变量的含义;掌握 WinQSB 软件求解线性规划的操作方法。

实验仪器、设备

(1) 微型计算机,WinQSB 2.0 软件,Office 软件。

(2) WinQSB 是 QSB 的 Windows 版本,可以在 Windows 9X/ME/NT/2000/XP 平台下运行。

实验内容

(1) 安装和启动软件。

(2) 建立新问题,输入模型,求解模型,结果的简单分析,用 WinQSB 软件完成例题 1。

实验操作步骤

1. 求解线性规划

启动程序:开始→程序→WinQSB→Linear and Integer Programming。

2. 学习例题

点击 File→Load Problem→lp. lpp,点击菜单栏 Solve and Analyze 或点击工具栏中的图标用单纯形法求解,观看一下软件用单纯形法迭代的步骤。用图解法求解,显示可行域,点击菜单栏 Option→Change XY Ranges and Colors,改变 X1、X2 的取值区域(坐标轴的比例),单击颜色区域改变背景、可行域等 8 种颜色,满足你的个性选择。

下面结合例题介绍 WinQSB 软件求解线性规划的操作步骤及应用。

例1 用 WinQSB 软件求解下列线性规划问题：

$$\max Z = 6x_1 + 5x_2 + x_3 + 7x_4$$

$$\text{s. t.} \begin{cases} x_1 + 2x_2 + 6x_3 + 9x_4 \leqslant 260 \\ 8x_1 - 5x_2 + 2x_3 - x_4 \geqslant 150 \\ 7x_1 + x_2 + x_3 = 30 \\ x_1 - x_2 \geqslant 0 \\ x_3 - x_4 \geqslant 0 \\ 10 \leqslant x_3 \leqslant 20 \\ x_1, x_2, x_3 \geqslant 0, x_4 \text{ 无约束} \end{cases}$$

解 用 WinQSB 软件求解线性规划问题不必化为标准型，如果是可以线性化的模型则先线性化，对于有界变量及无约束变量可以不用转化，只需要修改系统的变量类型即可，对于不等式约束可以在输入数据时直接输入不等式符号。

（1）启动线性规划(LP)和整数规划(ILP)程序

点击开始→程序→WinQSB→Linear and Integer Programming，显示线性规划和整数规划工作界面（注意菜单栏、工具栏和格式栏随主窗口内容变化而变化）。

（2）建立新问题或者打开磁盘中已有的文件

点击 File→New Problem 建立一个新问题。本问题的文件名称为"lp1"（读者可以任意取名），决策变量个数为 4，约束条件个数为 5，由于本问题是一个最大化问题，所以选择 Maximization，同时可以确定数据的输入形式，一种为表单形式，一种为模型形式。这里选择表单形式。

（3）输入数据

按照例 1 以表格或模型形式输入变量系数和右端常数数据，如图 1.21 所示。

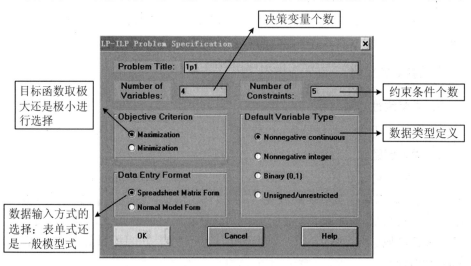

图 1.21 LP-ILP 模型基础设定

(4) 修改变量类型

图 1.21 给出了非负连续、非负整数、0—1 型和无符号限制或者无约束 4 种变量类型选项，当选择某一种类型后系统默认所有变量都属于该种类型。在例 1 中，$10\leqslant x_3\leqslant 20$，直接将 X3 的下界(Lower Bound)改为 10，上界(Upper Bound)改为 20，把 X4 设定为无约束，M 是一个任意大的正数，如图 1.22 所示。

Variable -->	X1	X2	X3	X4	Direction	R. H. S.
Maximize	6	5	1	7		
C1	1	2	6	9	<=	260
C2	8	-5	2	-1	>=	150
C3	7	1	1		=	30
C4	1	-1			>=	0
C5			1	-1	>=	0
LowerBound	0	0	10	-M		
UpperBound	M	M	20	M		
VariableType	Continuous	Continuous	Continuous	Continuous		

图 1.22　初始单纯型表

(5) 修改变量名和约束名

系统默认变量名为 X1,X2,…,Xn，约束名为 C1,C2,…,Cm。默认名可以修改，点击菜单栏 Edit，下拉菜单有 4 个修改选项：修改标题名(Problem Name)、变量名(Variable Name)、约束名(Constrcint Name)和目标函数准则(max 或 min)。

(6) 求解

点击菜单栏 Solve and Analyze，下拉菜单有 3 个选项：求解不显示迭代过程(Solve the Problem)、求解并显示单纯形法迭代步骤(Solve and Display Steps)及图解法(Graphic Method，限 2 个决策变量)。如选择 Solve the Problem，系统直接显示求解的综合报告，如图 1.23 所示。线性规划问题有最优解或无最优解(无可行解或无界解)，系统会给出提示。

图 1.23 显示，例 1 的最优解 $X=(1.4286,0,20,-98.5714)^{\mathrm{T}}$，最优值 $Z=-661.4285$。同时由图 1.23 的第 6 行提升 Alternate Solution Exists!! 知原问题有多重解。

	18:17:12		2013-8-6 18:17:11 下午	2013-8-6 18:17:11 下午	2013-8-6 18:17:11 下午	2013-8-6 18:17:11 下午		
	Decision Variable	Solution Value	Unit Cost or Profit c(j)	Total Contribution	Reduced Cost	Basis Status	Allowable Min. c(j)	Allowable Max. c(j)
1	X1	1.4286	6.0000	8.5714	0	basic	-266.0000	49.0000
2	X2	0	5.0000	0	-38.8571	at bound	-M	43.8571
3	X3	20.0000	1.0000	20.0000	0	basic	-5.1429	M
4	X4	-98.5714	7.0000	-690.0000	0	at bound	-M	7.0000
	Objective	Function	(Max.) =	-661.4285	(Note:	Alternate	Solution	Exists!!)
	Constraint	Left Hand Side	Direction	Right Hand Side	Slack or Surplus	Shadow Price	Allowable Min. RHS	Allowable Max. RHS
1	C1	-765.7142	<=	260.0000	1,025.7140	0	-765.7142	M
2	C2	150.0000	>=	150.0000	0	-7.0000	51.4286	M
3	C3	30.0000	=	30.0000	0	8.8571	20.0000	116.2500
4	C4	1.4286	>=	0	1.4286	0	-M	1.4286
5	C5	118.5714	>=	0	118.5714	0	-M	118.5714

图 1.23　WinQSB 线性规划求解的综合报告

(7) 显示结果分析

点击菜单栏 Results 或者点击快捷图标,存在最优解时,下拉菜单有 9 个选项(如下①~⑨),无最优解时有 2 个选项(如下⑩~⑪):

① 只显示最优解(Solution Summary)。

② 约束条件摘要(Constraint Summary),比较约束条件两端的值。

③ 对目标函数进行灵敏度分析(Sensitivity Analysis of OBJ)。

④ 对约束条件右端常数进行灵敏度分析(Sensitivity Analysis of RHS)。

⑤ 求解结果组合报告(Combined Report),显示详细综合分析报告。

⑥ 进行参数分析(Perform Parametric Analysis),某个目标函数系数或约束条件右端常数带有参数,计算出参数的变化区间及其对应的最优解,属于参数规划内容。

⑦ 显示最后一章单纯形表(Final Simplex Tableau)。

⑧ 显示另一个基本最优解(Obtain Alternate Optimal),存在多重解时,系统显示另一个基本最优解,然后考虑对基本最优解进行组合可以得到最优解的通解。

⑨ 显示系统运算时间和迭代次数(Show Run Time and Iteration)。

⑩ 不可行性分析(Infeasibility Analysis),线性规划问题无可行解时,系统指出存在无可行解的原因,如将例 1 的第 5 个约束改为 $x_3-x_4 \leqslant 0$,系统显示无可行解并且给出显示报告,如图 1.24 所示。

Infeasible	solution!!!	Make any of	the following	RHS changes	and solve the	problem again.
08-08-2013 12:37:15	Constraint	Direction	Right Hand Side	Shadow Price	Add More Than This To RHS	Add Up To This To RHS
1	C1	<=	260.0000	0	-107.1429	M
2	C2	>=	150.0000	0	-M	-117.1429
3	C3	=	30.0000	0.8571	102.5000	750.0000
4	C4	>=	0	0	-2.8571	M
5	C5	<=	0	-7.0000	-117.1429	-117.1429

表 1.24 显示报告

这说明第 5 个约束不可能小于等于零,右端常数至少等于 117.1429 才可行。

⑪ 无界性分析(Unboundedness Analysis),线性规划存在无界解时,系统会指出存在无界解的可能原因。

⑫ 保存结果。求解后将结果显示在顶层窗口,点击 File→Save As,系统以文本格式存储计算结果。

⑬ 将计算表格转换成 Excel 表格。在计算结果界面中点击 File→Copy to Clipboard,系统将计算结果复制到剪贴板,再粘贴到 Excel 表格中即可。

实验 3 线性规划的灵敏度分析

实验目的与要求

进一步熟悉对偶线性规划及灵敏度分析的有关基本概念;掌握运筹学软件 WinQSB 求解对偶线性规划,灵敏度分析和参数分析的操作方法,理解其输出结果。

实验仪器、设备

(1) 微型计算机,WinQSB 2.0 软件,Office 软件。
(2) WinQSB 是 QSB 的 Windows 版本,可以在 Windows 9X/ME/NT/2000/XP 平台下运行。

实验内容

建立线性规划问题的对偶问题、求解模型,进行灵敏度分析和参数分析。

实验操作步骤

结合例题介绍 WinQSB 软件求解对偶线性规划问题的操作步骤及应用。

例 2 已知线性规划如下:

$$\max Z = x_1 + 2x_2 + 4x_3 + x_4$$

$$\text{s. t.} \begin{cases} 3x_1 + 9x_3 + 5x_4 \leqslant 15 \\ 6x_1 + 4x_2 + x_3 + 7x_4 \leqslant 30 \\ 4x_1 + 3x_3 + 4x_4 \leqslant 20 \\ 5x_1 + 3x_2 + 8x_3 + 3x_4 \leqslant 40 \\ x_j \geqslant 0 (j=1,2,3,4) \end{cases}$$

(1) 写出对偶线性规划,变量用 Y 表示;
(2) 求原问题及对偶问题的最优解;
(3) 分别写出价值系数 C_j 及右端常数 B_i 的变化范围;
(4) 目标函数系数改为 $C=(4,2,6,1)$,常数改为 $B=(20,40,20,40)$,求最优解;
(5) 删除第四个约束同时删除第三个变量,求最优解;
(6) 增加一个变量 x_5,系数为 $(c_5, a_{15}, a_{25}, a_{35}, a_{45}) = (6,5,4,2,3)$,求最优解;
(7) 目标函数为 $\max Z = (1+\mu)x_1 + (2+3\mu)x_2 + 4x_3 + (1-\mu)x_4$,分析参数的变化区间及对应解的关系,绘制参数与目标值的关系图。

求解步骤如下:

启动 Linear and Integer Programming，建立新问题，取名为"例 2"，输入数据，如图 1.25 所示。

Variable -->	X1	X2	X3	X4	Direction	R. H. S.
Maximize	1	2	4	1		
C1	3	0	9	5	<=	15
C2	6	4	1	7	<=	30
C3	0	4	3	4	<=	20
C4	5	3	8	3	<=	40
LowerBound	0	0	0	0		
UpperBound	M	M	M	M		
VariableType	Continuous	Continuous	Continuous	Continuous		

图 1.25　例 2 输入数据

① 点击 Format→Switch to Dual Form，得到对偶问题数据表，如图 1.26 所示，点击 Edit→Variable Name，分别修改变量名和约束名（如图 1.27、图 1.28），点击 Format→Switch to Normal Model Form，得到对偶模型，得到以 Y 为变量名的对偶模型（见图 1.29）。

Variable -->	C1	C2	C3	C4	Direction	R. H. S.
Minimize	15	30	20	40		
X1	3	6		5	>=	1
X2		4	4	3	>=	2
X3	9	1	3	8	>=	4
X4	5	7	4	3	>=	1
LowerBound	0	0	0	0		
UpperBound	M	M	M	M		
VariableType	Continuous	Continuous	Continuous	Continuous		

图 1.26　对偶问题数据

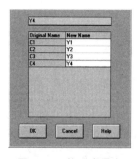

图 1.27　修改变量名

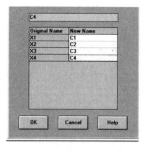

图 1.28　修改约束名

图 1.29　对偶模型

② 再求一次对偶返回到原问题，求解模型如图 1.30 所示，最优解 $X=(2, 4.25, 1, 0)^T$，最优值 $Z=14.5$。最优表中影子价格对应列的数据就是对偶问题的最优解，其为 $Y=(0.2833, 0.025, 0.475, 0)$。

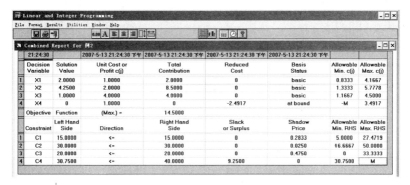

图 1.30 最优解详细综合分析报告

③ 由图 1.30 可得价值系数 C_j 的最大允许变化范围分别是：[0.8333, 4.1667]，[1.333, 5.7778]，[1.1667, 4.5]，[$-\infty$, 3.4917]；

右端常数 B_i 的最大允许变化范围分别是：[5, 27.4719]，[16.6667, 50]，[0, 33.3333]，[30.75, $+\infty$)。

④ 直接修改图 1.21 的数据，求解后得到最优解 $X=(3.6667, 4.25, 1, 0)^T$，最优值 $Z=29.1667$。

⑤ 将数据修改回原问题，点击 Edit→Delete a Constraint，选择要删除的约束 C4，点击 Edit→Delete a Variable，选择要删除的变量 X3，得到如图 1.31 所示的模型，求解后得到最优解 $X=(1.6667, 5, 0)^T$，最优值 $Z=11.6667$。

Variable →	X1	X2	X4	Direction	R. H. S.
Maximize	1	2	1		
C1	3	0	5	<=	15
C2	6	4	7	<=	30
C3	0	4	0	<=	20
LowerBound	0	0	0		
UpperBound	M	M	M		
VariableType	Continuous	Continuous	Continuous		

图 1.31 数据修改回原问题

⑥ 返回到原问题数据表，点击 Edit→Insert a Variable，显示图 1.32 所示对话框，选择变量名和变量插入的位置，在显示的电子表中输入数据(6,5,4,2,3)，求解后得到最优解 $X=(0, 3.5, 0, 0, 3)^T$，最优值 $Z=25$。

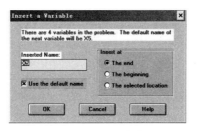

图 1.32 插入变量

⑦ 返回到原问题数据表,先求解。目标函数系数由两部分构成,参数 μ 的系数为(1,3,0,−1)。

点击 Results→Perform Parametric Analysis,在如图 1.32 所示的对话框中选择目标函数(Objective Function),在图 1.33 所示的界面中输入参数 μ 的系数,确定后得到如图 1.34 所示数据。如果对右端常数进行参数分析则选择 Right Hand Side。

图 1.33 "Parametric Analysis"对话框

图 1.34 输入参数

由图 1.35 可知,将参数 μ 分成 6 个区间讨论,在不同区间显示了目标函数值的变化区间及其变化率(Slope),出基变量和进基变量。点击 Results→Graphic Parametric Analysis,得到如图 1.36 所示结果。

Range	From ?(Vector)	To ?(Vector)	From OBJ Value	To OBJ Value	Slope	Leaving Variable	Entering Variable
1	0	1.4783	14.5000	36.3043	14.7500	X3	Slack_C1
2	1.4783	M	36.3043	M	16.6667		
3	0	-0.0952	14.5000	13.0952	14.7500	X1	Slack_C2
4	-0.0952	-0.6667	13.0952	6.6667	11.2500	X2	Slack_C3
5	-0.6667	-1.2222	6.6667	6.6667	0	X3	X4
6	-1.2222	-M	6.6667	M	-3.0000		

图 1.35 显示结果

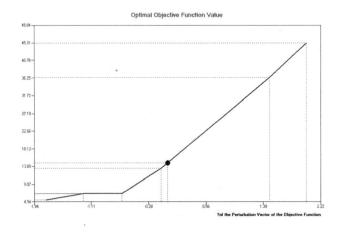

图 1.36 显示结果

实验 4　运输问题

实验目的与要求

熟悉运输问题的有关基本概念；掌握运筹学软件 WinQSB 中 Network Modeling 模块求解运输问题的使用方法和操作步骤；理解其输出结果。

实验仪器、设备

（1）微型计算机，WinQSB 2.0 软件，Office 软件。
（2）WinQSB 是 QSB 的 Windows 版本，可以在 Windows 9X/ME/NT/2000/XP 平台下运行。

实验内容

建立运输问题模型，输入模型，求解模型。
（1）分析问题，确定供应点、销售点、中转点的名称以及它们所对应的值；
（2）确定节点间的单位成本或单位利润；
（3）输入已知信息，或调入已存问题。

实验操作步骤

（1）启动程序：开始→程序→WinQSB→Network Modeling。
（2）建立新问题，分别选择 Transportation Problem、Minimization、Spreadsheet，输入标题、产地数和销地数。
（3）输入数据，空格可以输入 M 或不输入任何数据，点击 Edit→Node Names，更改产地和销地名。
（4）求解并显示、打印最优表及网络图。

在 WinQSB 软件的网络流模块中，一般运输模型的求解采用的是表上作业法。
下面结合例题实例求解平衡的运输问题：

例 3　某混凝土构件公司有 3 个碎石生产厂，供应 4 个搅拌站碎石。各碎石生产厂的产量和各搅拌站的碎石需求量以及每个碎石生产厂到各搅拌站的距离如表 1.2 所示。求使总运输量最小的方案。

表 1.2 各碎石生产厂相关数据

产地	销地				产量
	B_1	B_2	B_3	B_4	
A_1	3	2	7	6	500
A_2	7	5	2	3	600
A_3	1	5	4	6	300
销量	600	400	200	200	1400

求解步骤如下：

① 启动程序。点击开始→程序→WinQSB→Network Modeling。

② 建立新问题。在图 1.37 中分别选择 Transportation Problem、Minimization，输入标题、产地数和销地数。

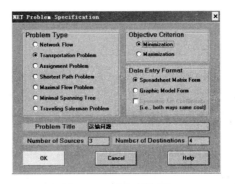

图 1.37 建立新问题

③ 输入数据。在选择数据输入格式时，选择 Spreadsheet Matrix Form，则以电子表格形式输入运输系数矩阵，点击菜单栏 Edit→Node Names 对产地和销地进行重命名，如图 1.38 所示。

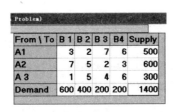

图 1.38 输入数据

④ 求解并显示结果。点击菜单栏 Solve and Analyze，下拉菜单有 4 个选择求解方法：Solve the Problem（只求出最优解）、Solve the Display Steps — Network（网络图求解并显示迭代步骤）、Solve the Display Steps — Tableau（表格求解并显示迭代步骤）、Select Initial Solution Method（选择求初始解方法）。

求初始解有 8 种方法选择:RM 逐行最小元素法、MRM 修正的逐行最小元素法、CM 逐列最小元素法、MCM 修正的逐列最小元素法、NWC 西北角法、MM 矩阵最小元素法(即最小元素法)、Vogel 近似法、Russell 近似法。系统默认是 RM 法,如图 1.39 所示。

图 1.39　求解并显示结果

例如,选择最小元素法(MM)、Solve the Display Steps — Tableau,得到如图 1.40 所示初始表。从图 1.40 中可看到进基、出基变量,还可以得到位势即对偶变量(Dual P(i)、Dual P(j)),求出检验数,继续迭代得到最优方案,如图 1.41 所示,总运输量 $Z=3600$。

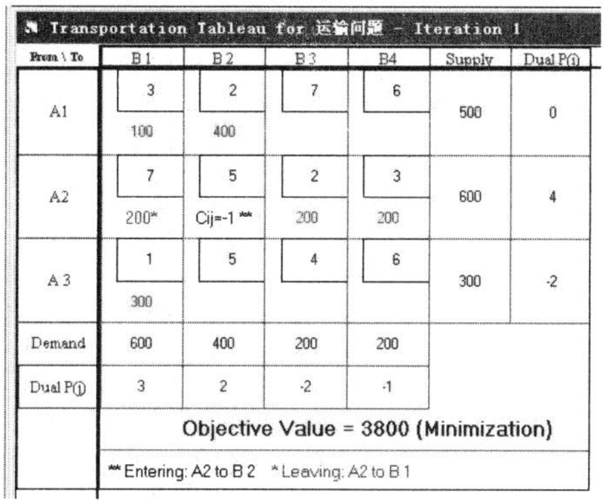

图 1.40　初始表

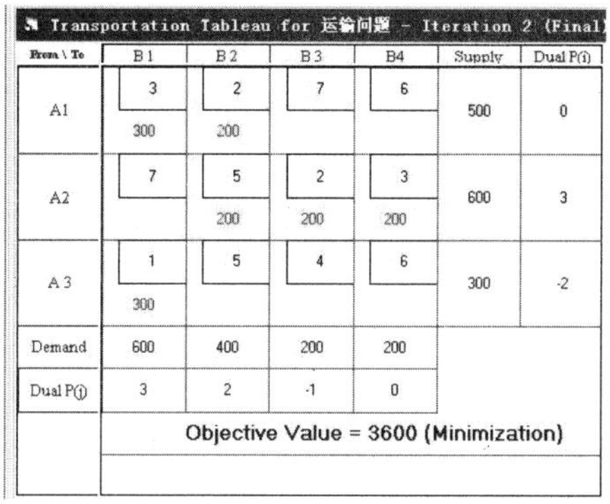

图 1.41　最优方案

选择 Solve the Problem(只求出最优解),如图 1.42 所示。

05-15-2007	From	To	Shipment	Unit Cost	Total Cost	Reduced Cost
1	A1	B1	300	3	900	0
2	A1	B2	200	2	400	0
3	A2	B2	200	5	1000	0
4	A2	B3	200	2	400	0
5	A2	B4	200	3	600	0
6	A3	B1	300	1	300	0
	Total Objective	Function	Value =		3600	

图 1.42　只求出最优解显示结果

点击菜单栏 Results→Graphic Solution,以网络图的形式显示结果,如图 1.43 所示。

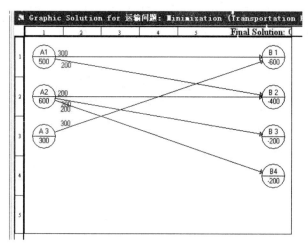

图 1.43　网络图显示的结果

⑤ 最优运输方案。由求解结果可知,最优运输方案为:产地 A1 给销地 B1 运 300、给销地 B2 运 200,产地 A2 给销地 B2 运 200、给销地 B3 运 200、给销地 B4 运 200,产地 A3 给销地 B1 运 300,总运输量最小为 3600。

说明:若为产销不平衡问题,事先不必化为平衡问题。

实验 5　整数规划

实验目的与要求

熟悉整数规划问题的有关基本概念;掌握运用 WinQSB 软件中 Linear and Integer Programming 模块求解整数规划(纯整数、混合整数)、0-1 规划的方法和操作步骤。

实验仪器、设备

(1) 微型计算机,WinQSB 2.0 软件,Office 软件。

(2) WinQSB 是 QSB 的 Windows 版本,可以在 Windows 9X/ME/NT/2000/XP 平台下运行。

实验内容

建立整数规划问题模型,输入模型,求解模型。

实验操作步骤

运用 WinQSB 软件求解线性规划仍然是调用子程序 Linear and Integer Programming,操作中改变变量类型即可。下面以实例说明这个应用。

例4 用 WinQSB 软件求解以下整数规划问题:

$$\max Z = x_1 + 4x_2$$

$$\text{s. t.} \begin{cases} 14x_1 + 42x_2 \leqslant 196 \\ -x_1 + 2x_2 \leqslant 5 \\ x_1, x_2 \geqslant 0 \\ x_1, x_2 \text{ 为整数} \end{cases}$$

解 首先启动子程序 Linear and Integer Programming,建立新问题,本例中,变量数等于 2,约束数等于 2,变量类型选非负整数(Nonnegative Integer),如图 1.44 所示,然后输入数据,如图 1.45 所示。

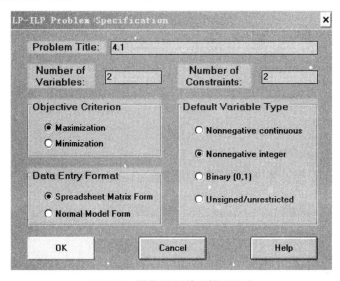

图 1.44 整数规划基础模型设定

Variable -->	X1	X2	Direction	R. H. S.
Maximize	1	4		
C1	14	42	<=	196
C2	-1	2	<=	5
LowerBound	0	0		
UpperBound	M	M		
VariableType	Integer	Integer		

图 1.45 输入数据

点击菜单栏的 Solve and Analyze 的下拉菜单 Solve Problem,得到如图 1.46 所示的最优表。

09:50:33		Saturday	August	17	2013
	Decision Variable	Solution Value	Unit Cost or Profit c(j)	Total Contribution	Reduced Cost	Basis Status
1	X1	5.0000	1.0000	5.0000	0	basic
2	X2	3.0000	4.0000	12.0000	0	basic
	Objective	Function	(Max.) =	17.0000		
	Constraint	Left Hand Side	Direction	Right Hand Side	Slack or Surplus	Shadow Price
1	C1	196.0000	<=	196.0000	0	0.0714
2	C2	1.0000	<=	5.0000	4.0000	0

最优解为: X1=5, X2=3, X3=0, X4=4, X5=0,最优值Z=17。

图 1.46 最优表

实验6 网络分析

实验目的与要求

掌握不同问题的输入方法,求解网络模型,观察求解步骤,显示并读出结果;通过 WinQSB 软件求解最短路径和最大流问题,使学生加深理解、验证巩固课堂教学内容,提高学生运用计算机解决实际问题的能力。

实验仪器、设备

(1) 微型计算机,WinQSB 2.0 软件,Office 软件。

(2) WinQSB 是 QSB 的 Windows 版本,可以在 Windows 9X/ME/NT/2000/XP 平台下运行。

实验内容

用 WinQSB 软件求解最小支撑树、最短路、最大流及旅行售货员等问题,题目自选。

实验操作步骤

(1) 启动程序:开始→程序→WinQSB→Network Modeling。

(2) 求最小支撑树:建立新问题,选择 Minimal Spanning Tree,输入标题名,网络节点数;输入节点到节点的距离,求解显示最小支撑树。

(3) 求最短路:建立新问题,选择 Shortest Path Problem,输入标题名,网络节点数;输入节点到节点的距离(注意弧的方向),选择起点与终点,图示最短路,写出起点到各点的最短路径及路长。

(4) 求最大流:建立新问题,选择 Maximal Flow Problem,输入标题名、网络节点数;输入节点到节点的距离(注意弧的方向),选择起点与终点,图示最大流,写出最大流量。

下面结合实例求解最大流问题:

例 5 某企业生产某种产品,通过市场调查获悉,目前该产品在市场上脱销,所以该企业决定将尽可能多的产品运到指定的市场销售。假定从生产厂到市场要经过一些中间环节,如图 1.47 所示,V1 表示生产厂,V9 表示指定的市场,各个线段表示渠道,各弧的权值表示该渠道单位时间内的最大通过能力,即允许通过的最多产品数。

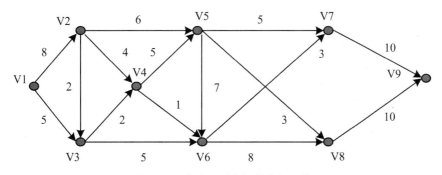

图 1.47 生产厂到市场的中间环节

现在的问题是:企业如何制订运送方案,在不超过每个渠道允许通过能力的条件下,使得从生产厂运送到市场的产品最多。

求解步骤如下:

① 启动程序。点击开始→程序→WinQSB→Network Modeling。

② 建立新问题。选择 Maximal Flow Problem,输入标题、节点(顶点)数。

③ 输入数据。在选择数据输入格式时，选择 Spreadsheet Matrix Form，则以电子表格形式输入权数，点击菜单栏 Edit→Node Names 对节点进行重命名，按线段的方向输入数据，如图 1.48 所示。

From \ To	V1	V2	V3	V4	V5	V6	V7	V8	V9
V1		8	5						
V2				2	4	6			
V3				2		5			
V4					5	1			
V5							7	5	3
V6							3	8	
V7									10
V8									10
V9									

图 1.48 输入数据

④ 求解并显示结果。点击菜单栏 Solve and Analyze，下拉菜单有 2 个选择求解方法：Solve the Problem（只求出最优解）、Solve the Display Steps－Network（网络图求解并显示迭代步骤）。

选择 Solve the Problem（只求出最优解），确定最大流的起点 V1 和终点 V9，求解结果如图 1.49 所示。

大流问题							
05-16-2007	From	To	Net Flow		From	To	Net Flow
1	V1	V2	8	7	V4	V6	1
2	V1	V3	5	8	V5	V7	4
3	V2	V4	2	9	V5	V8	3
4	V2	V5	6	10	V6	V8	6
5	V3	V6	5	11	V7	V9	4
6	V4	V5	1	12	V8	V9	9
Total	Net Flow	From	V1	To	V9	=	13

图 1.49 求解结果

点击菜单栏 Results→Graphic Solution，以网络图的形式显示结果，如图 1.50 所示。

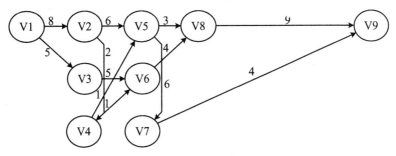

图 1.50 网络图形式的显示结果

⑤ 最优运送方案。由求解结果可知,最优运送方案为:V1 至 V2 为 8、V1 至 V3 为 5、V2 至 V4 为 2、V2 至 V5 为 6、V3 至 V6 为 5、V4 至 V5 为 1、V4 至 V6 为 1、V5 至 V7 为 4、V5 至 V8 为 3、V6 至 V8 为 6、V7 至 V9 为 4、V8 至 V9 为 9,从生产厂运送到市场的产品最多为 13。

第 2 章 交 通 工 程

2.1 交通工程课程概述

2.1.1 交通工程课程简介

交通工程是交通运输专业的一门专业必修课,是研究交通规律及其应用的一门技术科学。通过本课程的学习,使学生具备分析和解决实际交通问题的能力。本课程讲授交通运输专业所必需的交通工程的基本理论、基本知识,使学生掌握道路交通要素特性、交通调查、交通流理论、道路通行能力、交通信号控制、道路交通规划、交通安全、城市公共交通系统、智能运输系统方面的内容。通过学习本课程使学生能够通过实际的交通调查获取和掌握道路交通的发生、构成和运动规律以及道路通行能力的分析、交通信号控制的手段和应用等知识,将理论知识应用于具体交通问题的解决中,达到能综合运用所学理论分析交通工程中存在的问题,并能提出相应的解决方案的目的。

2.1.2 交通工程实验课程概述

交通工程实验课程是交通运输专业道路方向专业必修课的配套实验课程。在内容上,着重训练在理论课上学习过的交通调查的方法。通过本课程的学习,应使学生全面了解并掌握交通量调查、速度调查、延误调查的方法和步骤,培养学生综合运用专业知识获取实际交通数据、分析交通数据的能力,使其掌握道路交通流交通运行特性,为今后解决实际的道路交通问题打下基础。

2.2 典型实验项目

实验1 交叉口交通量调查

实验目的与要求

掌握交通量调查的基本方法;通过调查,搜集交通资料,了解交通量在时间、空间上的变化和分布;学会对调查数据进行整理和分析。

实验仪器、设备和材料

秒表、计数器、记录板、纸笔、计算机。

实验内容和要求

(1) 人员分组,设计调查表格;
(2) 在蚌埠市选取合适的交叉口,用人工观测法对交叉口各个进口的交通量进行观测;
(3) 交叉口交通量的数据整理、统计。

实验方法与步骤

1. 人工计数法

主要采用人工计数法(每小组配车辆计数器一台)实地调查记录交叉口典型时段(包括工作日高峰时段和非高峰时段)各进口道各流向的流量数据。

工具:表格(交叉口机动车交通量分流向现场记录表)、铅笔、秒表、记录板。统计调查表格如表2.1、表2.2所示。

表2.1 交叉口流量调查记录表

调查地点＿＿＿＿＿ 进口＿＿＿＿＿ 路口形式＿＿＿＿＿
调查日期＿＿＿＿＿ 天气＿＿＿＿＿ 交叉口控制方式＿＿＿＿＿
调查员姓名＿＿＿＿＿

时间段	出租车	小汽车(非出租车)	大客	公交车	货车	摩托车	电动车	行人
00:01~00:05								

时间段	出租车	小汽车 (非出租车)	大客	公交车	货车	摩托车	电动车	行人
00:06~00:10								
00:11~00:15								

说明：机动车分为6种：出租车，小汽车（除出租车，座位数≤7），中客（座位数在8~21之间），大客（座位数≥22），公交车，货车。

表2.2 交叉口流量调查记录表

调查地点_____ 进口_____ 路口形式_____
调查日期_____ 天气_____ 交叉口控制方式_____
调查员姓名_____

时间	方向 车型	北进口				南进口				东进口				西进口			
00:01~00:05	左																
	直																
	右																
00:06~00:10	左																
	直																
	右																
00:11~00:15	左																
	直																
	右																

续表

方向	北进口				南进口				东进口				西进口			
...																
合计	左															
	直															
	右															

注：① 上午调查的从7:00到9:00，每5分钟为一个记录周期；下午调查的从16:30到18:30，每15分钟为一个记录周期。② 摩托车统计一栏也包括电动车。③ 本表不够请另附。

2. 调查方法及成员分工

每一小组3名同学负责交叉口的一个进口方向，分别观测并统计直行、左转、右转的机动车，并按照车辆类型记录在表上，5分钟为一个周期，原始资料一定要确实可靠，不能有含糊的数据。

3. 数据分析处理

采用统计图表法对交通量进行描述，绘制交叉口流量流向图，分析交叉口交通量的问题，并提出对策。

4. 样例

以下为合肥市黄山路—合作化路交叉口早晚高峰流量分析(2010年5月10~11日调查)样例：

早高峰机动车交通状况：(早上7:00~9:00)

(1) 交叉口主流向。该交叉口处黄山路为东西方向，双向八车道，机非分离，中间有绿化带，进口道为5个车道，形式为右转+直行+直行+左转+左转；合作化路为南北方向，双向六车道，机非分离。此交叉口东西方向交通量很大，南北方向交通量较小。

(02) 2小时总流量波动图。早高峰2小时总流量变化如图2.1所示，7:00~7:30交通量逐步增加，7:30~9:00路口交通量处于稳定波动阶段，在8:20左右5分钟流量达到最大值696PCU，高峰时段在7:25~8:25。交叉口早高峰小时总流量为7778PCU。

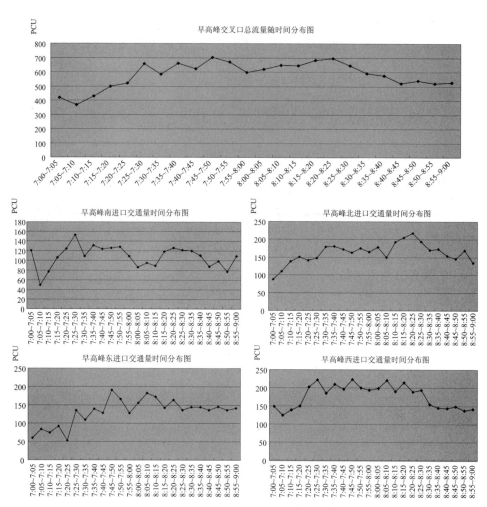

图 2.1 路口早高峰机动车交通量变化图

(3) 交叉口高峰时段流量流向图。图 2.2 为早高峰的流量流向图:东西方向直行量较大,东进口左转交通量相对较大;南北方向直行交通量较小,但北进口右转交通量较大,南进口左右转交通量均很小。

(4) 路口机动车流量流向波动图。南进口高峰时段:为 7:25~8:25,流量值达到 1396PCU;北进口高峰时段:为 7:30~8:30,流量值达到:2172PCU;东进口高峰时段:为7:30~8:30,流量值达到 1861PCU;西进口高峰时段:为 7:20~8:20,流量值达到 2456PCU。

(5) 各进口转向比例(左转量:直行量:右转量)。南进口为 203:990:205;北进口为 158:1148:820;东进口为 265:1458:90;西进口为 1029:1252:162。如图 2.3 所示。

(6) 路口早高峰机动车车种分布如图 2.4 所示。

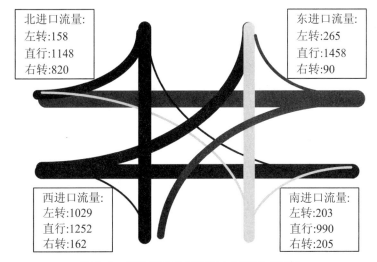

图 2.2 路口机动车早高峰小时流量流向图

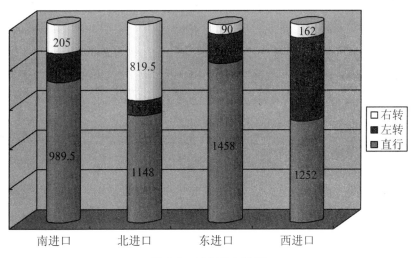

图 2.3 路口转向比例

实验 2 速度调查

实验目的和要求

掌握地点车速和区间车速的调查方法;学会用手持式雷达测速仪测量车辆速度测量;学会用牌照法对区间车速进行测量;掌握延误调查的各种方法。

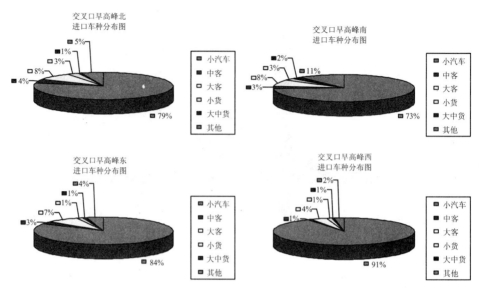

图 2.4 路口早高峰机动车车种比例分布图

实验仪器、设备和材料

秒表、卷尺、雷达测速仪、记录板、纸笔。

实验内容与要求

(1) 选取交叉口,用雷达测速仪测量车辆的瞬时速度;
(2) 利用牌照法测量交叉口经过的车辆的区间车速。

实验方法与步骤

1. 人工测速法测量地点车速

(1) 采用人工测量路面画线法实地调查记录,选定某一时段,选好起点线后测量距离 $L=25$ m 并定好终点线,当汽车前轮压过起、终点线时用同步秒表分别计时,分车型将时间差记入表中。

(2) 在一平直路段上,用米尺测量一处 $L=25$ m 的距离,并在其两端做两个参考标记(可用粉笔在道路上画线)。

(3) 调查方法及人员分工:采用人工测量方法,每组 12 人,分成 3 人一小组,分别在道路两侧测量地点车速,在每个方向的起点处配备 1 名观测员,终点处配备 2 名观测员。当车辆通过观测路段的起点断面时,起点处的观测员做手势通知终点处的持表观测员,使秒表开始计时,当车辆到达终点断面时,持表观测员读出车辆在观测路段上行驶的时间,由另一名观测员记录此车的行驶时间及车型。每小组样本量不少于 200 辆,每 3 人组样本量不少于 200 辆;车队经过时只测第一辆车。

(4) 数据处理分析：采用统计图表法整理描述车速频率分布。计算平均车速、标准离差、85%地点车速等指标，说明各车型标准离差和总样本标准离差的关系及其原因。

2. 牌照法测量区间车速

(1) 调查区间与时间应根据调查目的进行选定，对无特殊目的的调查，应选定主要交叉口间无大量出入车辆路段，且区间起终点应选在无交通阻塞处，调查时间一般可分为上下午高峰与白天和夜晚非高峰4个时段，每次应持续1h以上，尽量避开节假日及天气不良时间。

(2) 在调查路段的起终点设置观测点，观测人员记录通过观测点的车辆类型、牌照号码(后三位)、各辆车的到达时间。测完后，将两处的车型及牌照号码进行比对，选出相同号码，计算得到的通过起终点断面的时间即为行程时间，从而得到行程车速。

一般情况下，调查者应至少采集100个速度样本。

(3) 数据处理分析：将车辆通过起终点观测断面的号码一一对应，并计算出车辆通过起终点断面的时间差，即为行程时间，然后计算每辆车的车速、区间平均车速、行程速度标准差、平均行程时间、行程时间标准差。

根据一条道路上各区间路段的观测、计算结果，可以汇总得到整条道路按里程分区段的速度分布表和分布柱状图，通过表和图可以看出道路交通流的情况。

调查表格如表2.3所示。

表2.3 地点速度调查表(200个样本)

调查日期_____ 调查时间_____ 调查路段及方向_____
天气_____ 调查员_____

车种	$\Delta t = t_1 - t_2 (s)$	$v = s/\Delta t$	车种	$\Delta t = t_1 - t_2 (s)$	$v = s/\Delta t$

注：① 车种分为客车、货车和小汽车3种。② 本表不够请另附。

3. 样例

案例为蚌埠市东海大道某路段地点车速的调查统计。

(1) 车速调查数据汇总，东海大道路段地点车速数据如表2.4所示。

表 2.4 东海大道路段地点车速数据汇总表

小客		小客				公交		出租		小货		三轮		中货		大货		大客	
时间(s)	速度(m/s)	时间(s)	速度(m/s)	时间(s)	速度(m/s)	时间(s)	速度(m/s)	时间(s)	速度(m/s)	时间(s)	速度(m/s)	时间(s)	速度(m/s)	时间(s)	速度(m/s)	时间(s)	速度(m/s)	时间(s)	速度(m/s)
3.7	6.76	1.6	15.63	3.4	7.35	2.4	10.42	3.7	6.76	3.1	8.06	2.6	9.62	3.8	6.58	3.1	8.06	2.2	11.36
3.6	6.94	2.9	8.62	1.4	17.86	3	8.33	3.3	7.58	2.8	8.93			2.8	8.93	3.8	6.58		
2.5	10.00	1.6	15.63	3.3	7.58	2.4	10.42	1.7	14.71	3.0	8.33			3.3	7.58	2.3	10.87		
2.7	9.26	1.9	13.16	2.1	11.90	2.1	11.90	3.9	6.41	1.9	13.16			1.6	15.63	2.5	10.00		
2.1	11.90	2.2	11.36	2.5	10.00	1.4	17.86	1.4	17.86	2.8	8.93					4.1	8.06		
2	12.50	2.8	8.93	3.6	6.94	1.6	15.63	2.2	11.36	1.8	13.89			3.6	6.94				
3.6	6.94	1.8	13.89	3.2	7.81	2.4	10.42	2.6	9.62	2.7	9.26					4.8	6.58		
3.8	6.58	2.5	10.00	3.1	8.06	1.9	13.16	2.8	8.93	2.6	9.62					3.3	10.87		
2.9	8.62	3.5	7.14	2.5	10.00	2	12.50	2.8	8.93	3.9	6.41								
2.3	10.87	1.9	13.16	4.8	5.21	2.8	8.93	1.6	15.63	2.9	8.62					3.5	10.00		
1.4	17.86	2.1	11.90	2.7	9.26	2.5	10.00	1.4	17.86	3.1	8.06								
1.8	13.89	1.9	13.16	4.3	5.81	2.6	9.62	4.4	5.68										
3.6	6.94	2	12.50	2.3	10.87	2.9	8.62	2.4	10.42										
3	8.33	2.3	10.87	2	12.50	2.3	10.87	2.6	9.62										
1.4	17.86	2.6	9.62	2.2	11.36	3.8	6.58	2.4	10.42										
2	12.50	2.9	8.62	3.1	8.06	2.6	9.62	1.5	16.67										

续表

时间(s)	速度(m/s)	小客						公交		出租		小货		三轮		中货		大货		大客	
		时间(s)	速度(m/s)	时间(s)	速度(m/s)	时间(s)	速度(m/s)	时间(s)	速度(m/s)	时间(s)	速度(m/s)	时间(s)	速度(m/s)	时间(s)	速度(m/s)	时间(s)	速度(m/s)	时间(s)	速度(m/s)	时间(s)	速度(m/s)
2.2	11.36	1	25.00	1.6	15.63	2.6	9.62			3.8	6.58										
3.4	7.35	1.3	19.23	2.3	10.87	2.8	8.93			2.4	10.42										
2.6	9.62	2.8	8.93	2.3	10.87	3	8.33			2.4	10.42										
2.2	11.36	3.6	6.94	2.6	9.62	2.5	10.00			1.6	15.63										
2	12.50	3.6	6.94	2.4	10.42	2.8	8.93			1.6	15.63										
2.1	11.90	3	8.33	3.5	7.14	2.8	8.93			1.8	13.89										
2	12.50	1.4	17.86	4.6	5.43	3.4	7.35			2.2	11.36										
2.4	10.42	1.7	14.71	2.2	11.36	1.8	13.89			2.3	10.87										
2	12.50	3.2	7.81	3.7	7.35	2.6	9.62			2.4	10.42										
2.1	11.90	3.2	7.81	3.4	17.86	2.5	10.00			2.3	10.87										
3.2	7.81	2.8	8.93	3.6	7.58	3.2	7.81			2.0	12.50										
1.8	13.89	2.2	11.36	3.7	11.90	2.1	11.90			2.9	8.62										
1.4	17.86	2	12.50	3.9	10.00	2.9	8.62			2.1	11.90										
1.3	19.23	3	8.33	2.1	6.94	2.9	8.62			2.7	9.26										
2.1	11.90	2.9	8.62	2.5	7.35	1.9	13.16			2.3	10.87										
1.2	20.83	2.5	10.00	2.5	17.86	2.6	9.62			2.9	8.62										
1.1	22.73	2.1	11.90	2.3	7.58	2.6	9.62			2.1	11.90										

(2) 车速调查平均车速计算(总的、分车型计算),结果如表 2.5 所示。

表 2.5 地点车速各车型平均车速汇总表

车种	小客车	公交车	出租车	小型货车	三轮车	中型货车	大型货车	大客车
平均速度(m/s)	10.77	8.29	11.16	9.36	9.62	9.13	8.88	11.36
总平均速度(m/s)	9.83							

(3) 绘制地点车速直方图(选择一种车型——小客车),如图 2.5 所示。

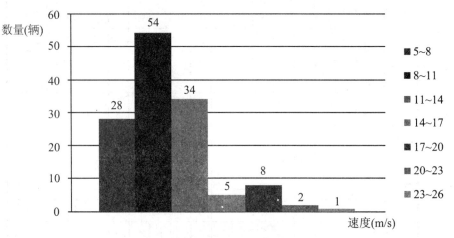

图 2.5 地点车速直方图(小客车)

(4) 绘制地点车速频率分布和累计频率分布图(选择一种车型——小客车),如图 2.6、图 2.7 所示。

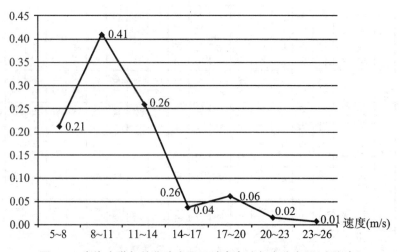

图 2.6 东海大道与航华路交叉口地点车速频率分布图(小客车)

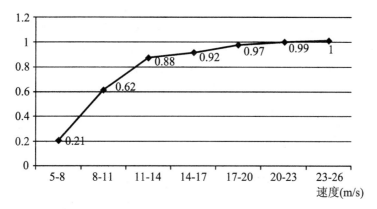

图 2.7　东海大道与航华路交叉口地点车速累计频率分布图（小客车）

（5）计算 $v_{15\%}$、$v_{85\%}$，结果分析（选择车型——小客车）

$$v = v_{\min} + (15 - F_{i-1})/(F_i - F_{i-1})$$
$$v_{15\%} = 5 + (15 - 0)/(21 - 0) \times 3 = 7.14 \text{ (m/s)}$$
$$v_{85\%} = 11 + (85 - 62)/(88 - 62) \times 3 = 13.66 \text{ (m/s)}$$

实验 3　交通密度调查

实验目的和要求

了解密度参数在全面描述交通流的实际状态中的作用；掌握密度调查的常用调查方法；学会运用密度资料分析瓶颈交通和划分服务水平；运用车流密度参数预测可能发生车流阻塞的路段，并用其进行通行能力研究。

主要仪器设备

表格（现场观测资料表、车辆牌照法测定密度汇总表）、铅笔、秒表、记录板、手机、皮尺。

实验内容与要求

选取某路段，记录车辆牌照，计算交通密度。

实验方法与步骤

（1）调查地点

选择交通量调查的交叉口的中间路段，不受交叉口停车、加减速、车辆换车道以及行人过街的影响，并与地点车速调查地点一致。调查的车流应该是连续行驶的车队，当车队中混有各种车型时应分别调查各种车型的车头时距。

(2) 调查方法及人员分工

采用人工测量法或车辆牌照法进行调查。一组 6 人，分成 3 人一小组，分别在道路两侧测量。从基准时刻开始，在测定区间的两端用同步的秒表测定每一辆车的到达时间，并记下每辆车的牌照（可以记录后 3 位数字），连续观测 15 分钟。

(3) 资料整理与分析

对收集的数据进行描述并计算瞬时交通密度和平均交通密度（5 分钟），然后对此路段的交通密度进行分析，与交通设施结合找出其中存在的问题并提出对策。

实验 4　行车延误调查

实验目的和要求

学会用延误参数评价道路交通堵塞程度和道路服务水平；掌握延误调查的各种方法；学会用点样本法进行交叉口车辆延误的测量。

主要仪器设备

秒表、卷尺、记录板、纸笔。

实验内容与要求

(1) 选取交叉口，利用点样本法进行交叉口引道延误调查。

(2) 数据统计，计算交叉口延误指标。

实验方法与步骤

(1) 调查时间

过分的延误通常出现在高峰时段，所以一般均选择高峰时段进行延误调查，可选择早高峰或晚高峰时段。交叉口延误调查一般应在天气良好、交通正常的条件下进行。

(2) 调查地点

交通量较大的十字形交叉口，和交通量调查为同一路口。

(3) 调查方法及人员分工

点样本法获得的是车辆在交叉口引道上的排队时间，每小组负责交叉口的 2 个交通量较大的进口，同时需要 4 名人员和 1 块秒表。人员站在停车线附近的人行道上，其中 1 人持秒表每 15 秒报时一次，1 人每 15 秒记录停在停车线后的车辆数，另 1 人记录每 1 分钟经过停车而驶过停车线的车辆数（停驶数），1 人则记录每 1 分钟不经过停车而驶过停车线的车辆数（不停驶数）。每分钟小计一次。6 个人合理分工，轮流进行，连续观测 15 分钟。

(4) 注意事项

若所调查的交叉口为定时信号控制,选取的取样间隔时间应保证不被周期长度整除。此外,调查开始时间应避免周期开始(如绿灯或红灯启亮)时间。

(5) 资料整理与分析

延误特性分析如下:

$$总延误 = 总停驶车辆数 \times 抽样时间间隔(辆 \cdot 秒)$$

$$每一停驶车辆的平均延误 = \frac{总延误}{停驶车辆数}(s)$$

$$每一入口车辆的平均延误 = \frac{总延误}{入口交通量}(s)$$

$$停驶车辆百分比 = \frac{停驶车辆数}{入口交通量} \times 100\%$$

$$停车百分比的容许误差 = \sqrt{\frac{(1-P)K^2}{PN}}$$

(6) 统计表格

统计表格如表 2.6 所示。

表 2.6 交通延误调查表

调查地点_____ 进口_____ 路口形式_____
调查日期_____ 天气_____ 交叉口控制方式_____
调查员姓名_____

测定时间	交叉口路口停车数量				驶入交叉口车辆数	
	0s	15s	30s	45s	停车数量	未停车数量
00~01						
01~02						
02~03						
03~04						
04~05						
05~06						
06~07						
07~08						
08~09						
09~10						
10~11						
11~12						
12~13						
13~14						
14~15						
合计						

（7）样例

案例为蚌埠市东海大道与航华路交叉口西进口的延误调查。调查数据如表 2.7 所示。

表 2.7 东海大道与航华路交叉口延误调查数据汇总

测定时间	交叉口路口停车数量				驶入交叉口车辆数	
	0～15 s	15～30 s	30～45 s	45～60 s	停车数量	未停车数量
4:45～4:46	0	1	0	1	1	18
4:46～4:47	3	6	2	5	7	11
4:47～4:48	6	0	1	5	9	0
4:48～4:49	0	0	4	6	12	12
4:49～4:50	3	4	5	0	7	8
4:50～4:51	0	1	2	4	5	19
4:51～4:52	6	0	1	6	4	15
4:52～4:53	10	3	3	0	4	0
4:53～4:54	1	1	1	0	0	8
4:54～4:55	0	1	2	1	2	10
4:55～4:56	0	3	2	2	5	6
4:56～4:57	3	0	0	2	3	12
4:57～4:58	4	1	2	5	8	0
4:58～4:59	1	2	0	4	11	17
4:59～5:00	5	7	9	6	13	3
小计	42	30	27	47	95	139
合计	146				234	

交叉口延误指标计算分析如下：

总延误＝观测停车总量数×观测周期＝146×15＝2175（辆·秒）

停止车辆每辆平均延误＝总延误/停止车辆数＝2175÷95＝22.89(s)

驶入交叉口车辆每辆平均延误＝总延误/驶入车辆数＝2175÷234＝9.29(s)

停止车辆比例＝停止车辆台数/驶入车辆数＝94÷234＝40.17%

停车百分比的容许误差＝$\sqrt{\dfrac{(1-0.4017)\times 2.70}{0.4017\times 234}}$＝13.1%

第3章 交 通 规 划

3.1 交通规划课程概述

3.1.1 交通规划课程简介

交通规划是交通运输本科专业的专业必修课,其授课对象为交通运输专业本科生。它涉及社会、自然、经济、人文、土地利用等方面内容,是一门综合性的课程,为学生提供道路交通工程知识,培养学生道路运输规划与设计基本能力。本课程的目的是使学生在已有专业知识的基础上,系统掌握交通规划的基本理论、基本知识和基本技能,同时培养学生运用所学理论知识开展交通规划的实践创新意识和应用能力,使其具有一定的交通运输规划方案设计、优化及决策的能力与素质,为以后从事相关领域的实际工作奠定基础。

3.1.2 交通规划实验课程概述

交通规划实验课程主要是通过实验,使学生掌握交通规划软件的原理和基本使用方法,能够独立进行简单的交通规划模拟,使学生更好地理解与掌握理论教学的内容,培养学生运用理论知识的能力。本实验课具有演示性、综合性、验证性的特点。本实验是学生在完成交通规划课程教学内容之后进行的实践教学环节,是该课程学习的重要组成部分。实验能提高学生的动手实践能力,加深对交通规划课程基础理论、基本知识的理解,提高观察、分析和解决问题的能力,使学生养成严谨的工作作风和实事求是的科学态度。通过实验讲解,使学生加深理解、验证巩固课堂教学内容;培养学生掌握交通流数据采集、交通需求预测的基本技术,能够完成对象区域的交通网络设计、社会经济指标和交通量统计分析、交通需求预测;使学生具备交通规划、路网设计、交通管理、智能交通等相关工程领域所需的交通数据采集和分析、交通需求预测及分析、交通网络制作、TransCAD等专业软件操作或计算机编程的基本能力和素质;培养交通运输管理专业学生实践动手和自主创新能力。

3.2 典型实验项目

实验 1 交通生成预测

实验目的和要求

1. 实验目的

(1) 了解 TranCAD 系统运行的基本环境、TranCAD 系统的基本结构和功能，熟悉交通规划软件 TranCAD 的基本操作。

(2) 掌握面类型和线类型地理文件的创建与编辑方法，理解地图与图层的概念。

(3) 了解 TransCAD 的空间数据结构，认识常用的数据表使用方法；熟悉数据表的填充与连接；掌握矩阵的创建与编辑；熟悉交通小区的划分知识，理解期望线的创建意义，掌握期望线的创建方法。

(4) 了解出行生成预测所需要的基础数据，掌握利用 TransCAD 的统计工具估计回归模型参数的方法，掌握运行回归模型预测小区出行产生和吸引量的步骤。

2. 实验要求

(1) 实验前应充分做好准备工作，预习有关规章制度和实验程序(见学生实验手册)，任课教师进行检查。

(2) 带全实验所需用品(学生实验手册、实验操作手册、实验案例数据等)。

(3) 爱护设备与其他备品，遵守实验室规章。按照规定程序操作，如遇到设备发生故障，及时报告指导教师处理。

实验条件

计算机若干台、TranCAD 软件。

实验步骤

(1) 了解 TranCAD 系统运行的基本环境，熟悉交通仿真软件 TranCAD 的操作界面，学习交通仿真软件 TranCAD 的基本操作。

(2) 学习在 TranCAD 软件中如何建立地理文件和数据文件。

(3) 收集出行数据，建立回归模型。

(4) 确定模型参数,进行模型检验。

(5) 实施交通生成预测。

实验内容

1. TranCAD 系统运行的基本环境

(1) 硬件要求

最低配置:CPU 酷睿 i3,内存 1GB;推荐配置:CPU 酷睿 i5,内存 1GB。

(2) 操作系统

Windows 7/8/10 及后续版本。

(3) 显示设置

基本设置:17 寸显示器,1024×768 的分辨率;推荐配置:19 寸显示器,1280×1024(或 1280×960)的分辨率。

2. TranCAD 软件功能介绍

(1) 软件基本介绍

TransCAD 系统是由美国 Caliper 公司开发的交通规划 GIS 软件,是首家独创、专为交通运输业设计的地理信息系统软件,旨在帮助交通运输专业人员和组织机构存储、显示、管理及分析交通运输信息与数据。

TransCAD 集 GIS 与交通模型功能于一体,提供其他 GIS 或交通模型软件所不能及的综合功能,适用于任何规模、任何形式的交通运输。TransCAD 也有基于 Internet/Intranet 的产品。

(2) 功能

TransCAD 是 Windows 下功能强大的地理信息系统,扩展数据模型,提供显示和处理交通数据的基本工具,汇集了极其丰富的交通分析过程,具有各式各样、数量巨大的交通、地理、人口统计数据,可以生成宏,嵌入服务器应用及其他用户程序。

TransCAD 的交通功能如下:

① 网络和路径:生成、设置、路段方向、选定路段、转向、工具箱、最短路径、最短多路径、销售员旅行问题(TSP)、车辆路线安排问题(VRP)、网络分割、缓冲区设定等。

② 路线系统:路线服务、站点服务、路线编辑等。

③ 交通规划和出行需求模型:出行产生、吸引、平衡、快速反应模型、出行分布、方式划分(方式选择)、交通分配等。

④ 公交:网络生成、设置、最短路径、网络阻抗计算等。

⑤ 路线和物流分析:成本矩阵计算、货运路线计算与显示、最短路径、指派问

题、运输问题、货流配送、最小费用流、分区、聚类、设施定位等。

⑥ 统计:报表、校正、模型估计、模型应用、生成模型文件、邻接矩阵、空间校准等。

3. 建立包含3个小区的路网

(1) 建线层,如图3.1所示。

图 3.1 建线层

(2) 画路网,如图 3.2、图 3.3 所示,保存得到 7 条线路、5 个节点的路网,如图 3.4 所示。

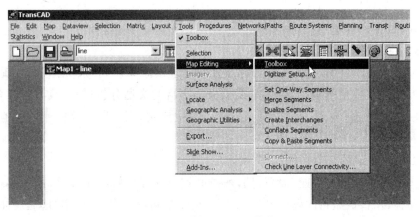

图 3.2 选择 Toolbox 菜单

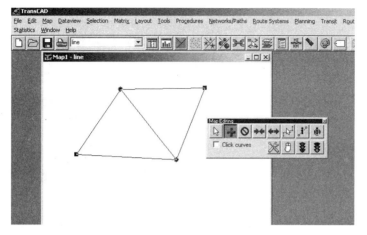

图 3.3　画路网

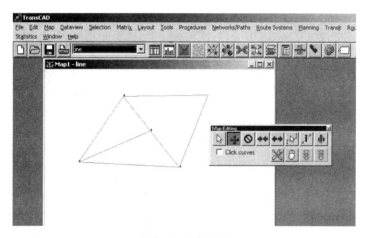

图 3.4　保存路网

(3) 新建面层，Options 选择第一项，输入层名"area"，如图 3.5 所示。

4. 交通生成预测

添加字段，P、A、产生和吸引必须有。

(1) 画小区，步骤同画线路；结果如图 3.6 所示。

(2) 画 3 个小区并保存，如图 3.7 所示。

(3) 参数估计

选择 Statistics→Model Evaluation，会弹出"Open model file"对话框，选择刚才建立的回归模型文件，点击"Open"，此时会弹出"Forecast"对话框，如图 3.8 所示，在"Results in"中选择"P_Fur"。在变量列表中将第一个预测变量"People_Base"设为"People_Fur"，第二个设为"GDP_Fur"，点击"OK"，这样就完成了出行发生量的预测。

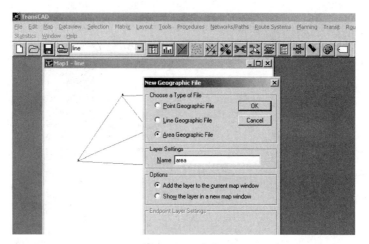

图 3.5 新建面层

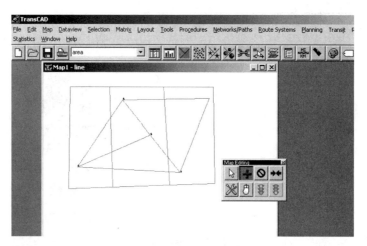

图 3.6 画小区

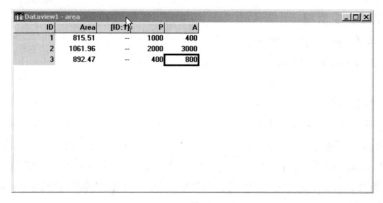

图 3.7 3 个小区

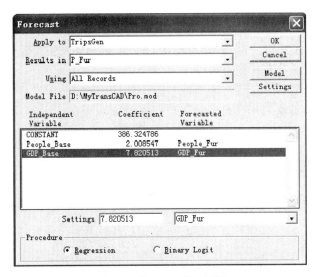

图 3.8 "Forecast"对话框

实验思考题

进行交通生成预测需要哪些数据?

实验报告

主要内容包括实验目的、实验操作、回答思考题及实验体会。

实验 2 交通分布预测

实验目的和要求

1. 实验目的

（1）了解出行分布预测所需的基础数据。
（2）掌握用增长系数法进行出行分布预测的方法。
（3）理解阻抗函数的概念,掌握标定重力模型参数的操作步骤。
（4）掌握用重力模型进行出行分布预测的方法。

2. 实验要求

掌握交通分布预测原理和操作方法。

实验所需装置

投影仪 1 台,电脑若干台,TranCAD 软件 1 套。

实验步骤

(1) 建立 3 个小区的网络,准备现状 OD 表、规划年发生与吸引量表。
(2) 选择交通分布预测方法。
(3) 建立模型,标定参数。
(4) 进行分布预测并检验。

实验内容

(1) 新建矩阵 Matrix,如图 3.9 所示。

图 3.9 新建矩阵

填入数据,以便进行交通分布,如图 3.10 所示。

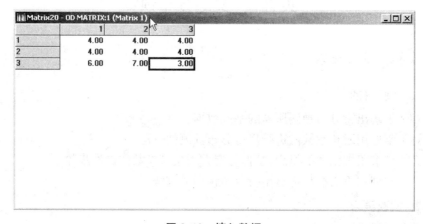

图 3.10 填入数据

(2) 交通分布-增长系数法

选择 Planning → Trip Distribution → Growth Factor Balancing,出现如图

3.11 所示对话框。

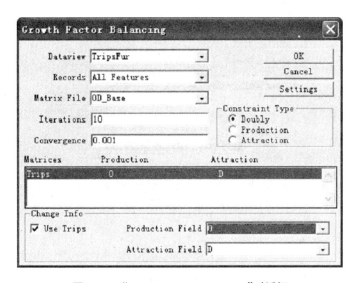

图 3.11 "Growth Factor Balancing"对话框

(3) 重力模型法

在 TransCAD 中运行重力模型前,必须先标定重力模型阻抗函数的参数。本次实验以幂函数型阻抗函数为例,介绍重力模型的标定方法。其他类型阻抗函数的标定与此类似。这里,需要打开练习数据中的小区地理文件"TAZ.dbd"、现状出行分布矩阵文件"Grav_Base.mtx"和现状阻抗函数矩阵文件"Imp.mtx"。

选择 Planning → Trip Distribution → Gravity Application,如图 3.12、图 3.13 所示。

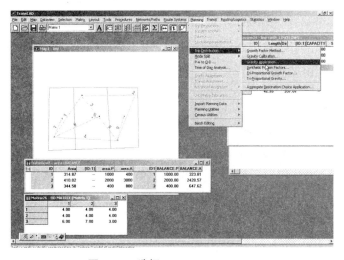

图 3.12 选择 Gravity Application

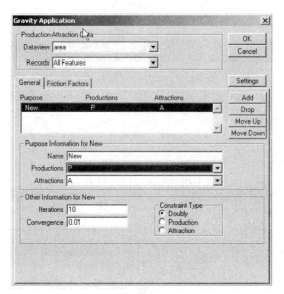

图 3.13 "Gravity Application"对话框

实验思考题

(1) 交通分布预测有哪些常用模型?
(2) 交通分布模型预测必需哪些基础数据?

实验报告

实验报告主要内容包括实验目的、实验操作、回答思考题以及实验体会。

实验 3　交通方式划分预测

实验目的和要求

1. 实验目的

(1) 了解方式划分预测所需的基础数据。
(2) 掌握创建出行方式表的方法。
(3) 掌握 Logit 模型参数估计的操作步骤。
(4) 掌握应用 Logit 模型预测方式分担率的方法。

2. 实验要求

掌握交通方式划分预测原理和操作。

实验所需装置

投影仪 1 台,电脑若干台,TranCAD 软件 1 套。

实验步骤

(1) 建立 3 个小区的网络。
(2) 创建出行方式表。
(3) 建立 Logit 模型,标定参数。
(4) 进行交通方式划分预测。

实验内容

本次实验主要通过两种交通方式(小汽车、公交车)来介绍 Logit 模型在 TransCAD 中的应用。按照效用函数需要准备两组矩阵数据:一组矩阵是两种交通方式的出行费用;另一组矩阵是两种交通方式的出行时间矩阵。

演示操作:Planning→Mode Split→Specify a Multinomial Logit Model。如图 3.14 所示,创建方式划分表,通过上述操作即可创建方式划分表,然后填充数据即可打开填充方式划分表对话框,如图 3.15 所示。

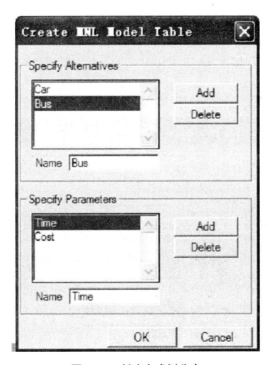

图 3.14 创建方式划分表

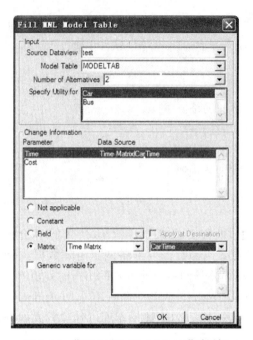

图 3.15 "Fill MNL Model Table"对话框

填充好方式划分表后,就可以建立 Logit 模型进行方式划分预测。但是在 Logit 模型中,有效用函数需要进行参数估计。如图 3.16 所示,设定参数,然后可以标定 Logit 模型,接下来,应用标定好的 Logit 模型进行方式划分预测,如图 3.17 所示。

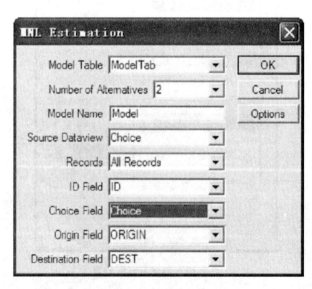

图 3.16 设定参数

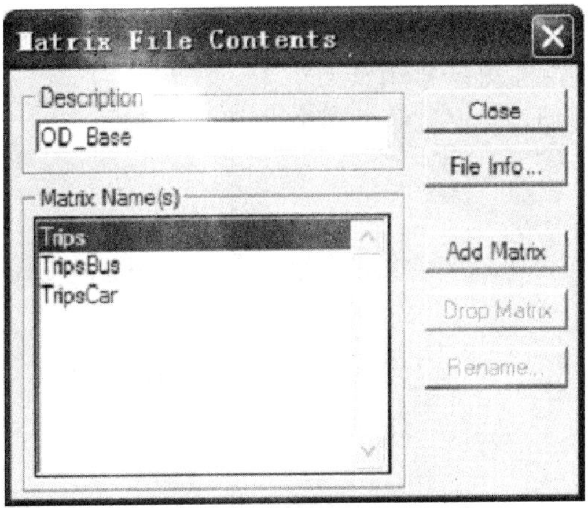

图 3.17 方式划分预测

软件运行之后即可得到方式划分分担率。方式划分分担率并不是我们想要得到的结果,在交通划分预测这一阶段,目的是得到城市各种交通方式的分担量,即方式划分量。因此,我们需要将前面通过 TransCAD 软件得到的方式划分分担率矩阵转化成方式划分量,如图 3.18 所示。

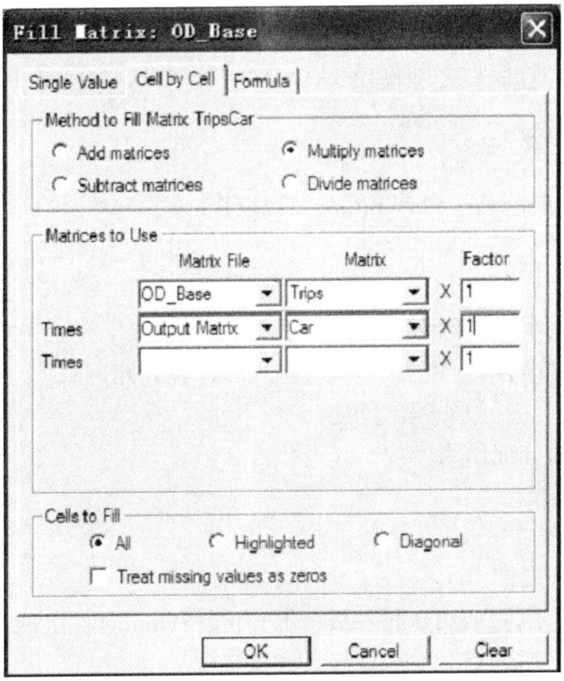

图 3.18 方式划分量

实验思考题

(1) 交通分布预测有哪些常用模型？
(2) 交通分布模型预测必需哪些基础数据？

实验报告

实验报告主要内容包括实验目的、实验操作、回答思考题以及实验体会。

实验 4　交通分配预测

实验目的和要求

1. 实验目的

(1) 了解运行交通分配模型所需要的基础数据。
(2) 掌握创建小区质心并将其连接到路网的操作步骤。
(3) 理解网络的概念，掌握创建网络的方法。
(4) 理解矩阵索引的概念，掌握索引转换的方法。
(5) 掌握运行交通分配模型的操作步骤。

2. 实验要求

掌握交通分配预测原理和操作。

实验所需装置

投影仪 1 台，电脑若干台，TransCAD 软件 1 套。

实验步骤

(1) 建立 3 个小区的网络。
(2) 进行数据准备，创建小区质心，将质心连接到路网。
(3) 建立路网，进行 OD 索引转换。
(4) 进行交通分配预测。

实验内容

(1) 添加路网属性

如图 3.19 所示，选择 Tools→Map Editing→Connect，出现如图 3.20 所示对话框，将小区质心连接到路网上。

如图 3.21 所示，Node field 选择"index"，Fill with 选择"IDs from area layer"。小区质心点的连杆，通行能力大，自由流时间较小，速度较大，如图 3.22 所示。

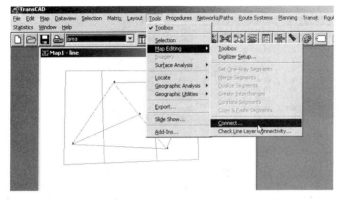

图 3.19 选择"Connect"菜单

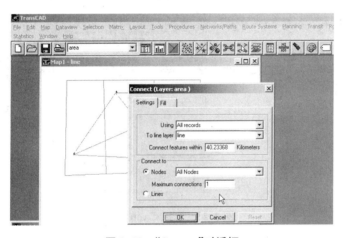

图 3.20 "Connect"对话框

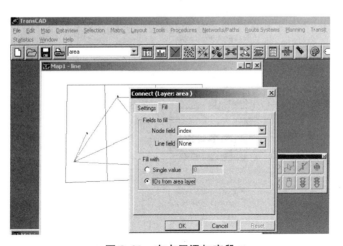

图 3.21 在点层添加字段

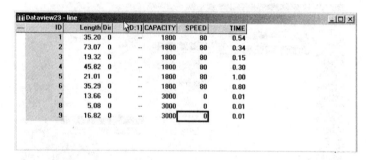

图 3.22 Data view23-line

(2)建立虚拟路网,命名为"my net.net"。如图 3.23 所示,选择 Networks/Paths→Create,出现"Create Network"对话框,按如图 3.24 所示设置参数。

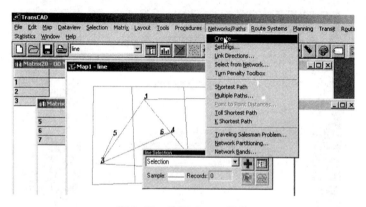

图 3.23 选择 Create 菜单

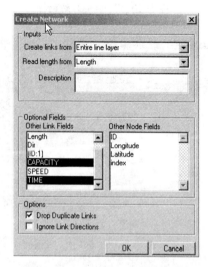

图 3.24 "Create Network"对话框

(3) 交通分配,如图 3.25 所示,选择 Planning→Traffic Assignment,出现"Traffic Assignment"对话框,并按图 3.26 所示设置参数。

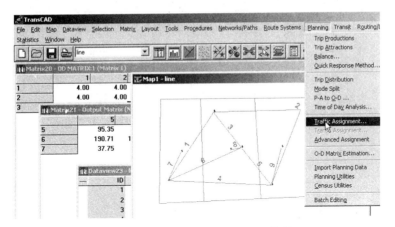

图 3.25 选择 Traffic Assignment 菜单

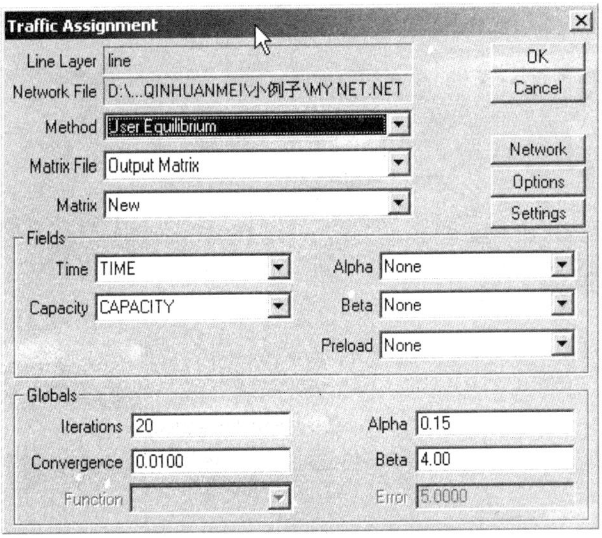

图 3.26 "Traffic Assignment"对话框

输出结果:双向流量、双向时间、双向 voc、符合度,如图 3.27 所示。

(4) 显示输出结果,如图 3.28 所示,选择 Planning→Planning Utilities→Create Flow Map,出现"Create a Traffic Flow Map"对话框,按图 3.29 所示设置 V/C 最大值及间距。

打印输出如图 3.30 所示。

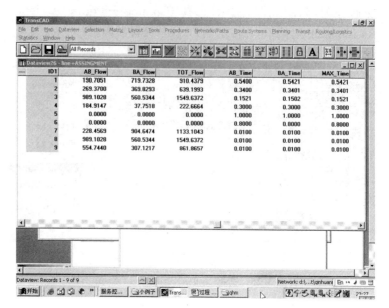

图 3.27 输出结果

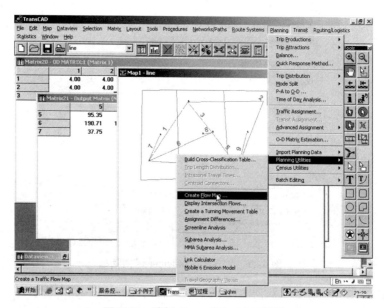

图 3.28 选择 Create Flow Map 菜单

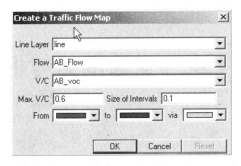

图3.29 "Create a Traffic Flow Map"对话框

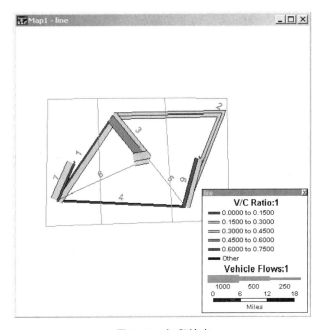

图3.30 打印输出

实验思考题

(1) 如何创建小区质心？
(2) 交通分布模型预测必需哪些基础数据？

实验报告

实验报告主要内容包括实验目的、实验操作、回答思考题以及实验体会。

第 4 章　交通港站与枢纽

4.1　交通港站与枢纽课程概述

4.1.1　交通港站与枢纽课程简介

交通港站与枢纽课程是交通运输专业本科的专业必修课。该课程开设的目的是向学生讲授比较系统的交通运输港站及枢纽设备布置的理论知识,使学生获得分析港站布置图的基本技能,具备利用各种交通运输方式进行合理分工、紧密配合、协调布局的能力;为毕业后从事交通运输技术管理、商务管理、工程设计等工作奠定基础。

4.1.2　交通港站与枢纽实验概述

通过交通港站与枢纽实验,使学生掌握交通规划仿真软件的原理和基本使用方法,能够独立进行简单的交通设施设计分析,加深学生对课堂教学内容的理解,培养学生使用相关计算机软件的能力,增强学生解决应用问题的能力。实验主要内容包括利用微观仿真软件 VISSIM 进行客运站工艺流线及货运站场平面布局仿真、集装箱码头平面布局仿真等。

4.2　典型实验项目

实验 1　仿真软件 VISSIM 运用操作

实验目的与要求

通过实验,使学生了解微观仿真软件 VISSIM 的安装,熟悉微观仿真软件

VISSIM 的基本操作和功能;使学生能够用 VISSIM 设计房屋、行人、车辆、植物、道路等交通静态场景,用 VISSIM 进行动态交通流的设计等。

实验仪器、设备和材料

1 台计算机、VISSIM 微观交通仿真软件。

实验内容和要求

(1) 了解微观仿真软件 VISSIM 的安装。
(2) 熟悉微观仿真软件 VISSIM 的操作界面及操作菜单。
(3) 进行简单的静态交通设施和交通流仿真。

实验操作步骤

(1) 操作界面介绍。微观仿真软件 VISSIM 的操作界面如图 4.1 所示。

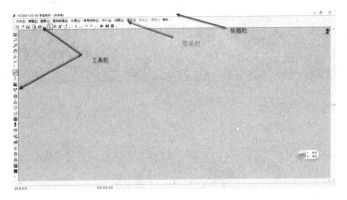

图 4.1　操作界面

(2) 导入底图,做标尺,具体步骤如图 4.2、图 4.3 所示。

图 4.2　导入底图

图 4.3 背景文件

(3) 路网设计,如图 4.4 所示。

 路段和连接器

 车道功能标志(图形)

 路径

图 4.4 路网

(4) 静态物体添加,如图 4.5 所示。
(5) 动态交通流加载,如图 4.6 所示。
(6) 仿真运行,如图 4.7 所示。

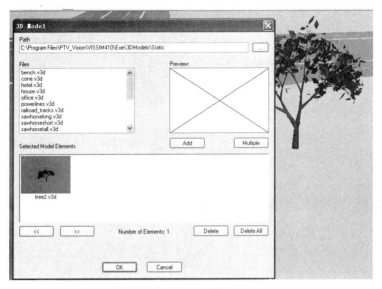

图 4.5 静态物体添加

图 4.6 交通流

图 4.7　仿真运行

实验 2　汽车客运站工艺流线仿真

实验目的与要求

通过汽车客运站工艺流线仿真,使学生理解客运站平面布局;熟悉旅客进出站、汽车进出站、行包进出站流线;培养学生理论与实践相结合的能力和处理一般工程技术问题的能力。实验要求设计一宽 250m、长 400m 的汽车客运站,包括主建筑物、站前广场及辅助设施等,并正确设置动态城市交通流及汽车客运站进站车流、出站车流、进站人流和出站人流。

实验仪器、设备

1 台计算机、VISSIM 微观交通仿真软件。

实验内容

(1) 客运站平面布局和流线分析。

(2) 用微观仿真软件 VISSIM 设计并运行 3 种流线的三维仿真图。

(3) 观察 3 种流线的三维仿真运行是否符合汽车客运站工艺流线。

实验操作步骤

（1）流线分析，如图 4.8 所示。

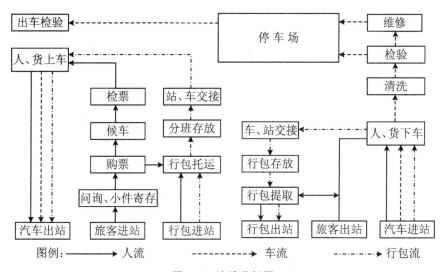

图 4.8　流线分析图

（2）以蚌埠汽车客运站为例设计底图，如图 4.9 所示。

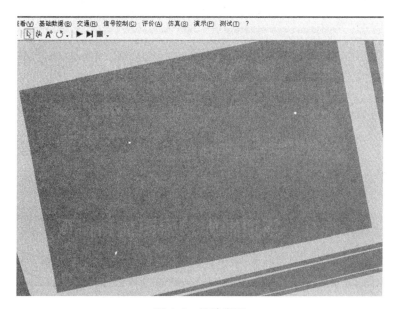

图 4.9　设计底图

(3) 设计周边路网,如图 4.10 所示。

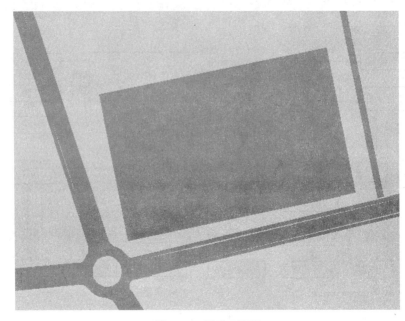

图 4.10　周边路网图

(4) 设计站前广场、公交站、停车场等设施,如图 4.11 所示。

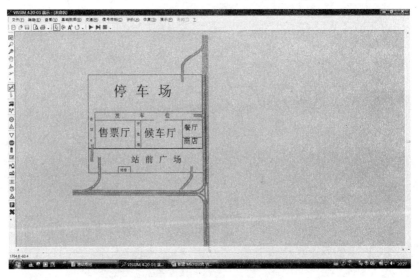

图 4.11　站前广场等设施

（5）车站主建筑物，如图4.12所示。

图4.12　车站主建筑物

（6）站内道路、车位，如图4.13所示。

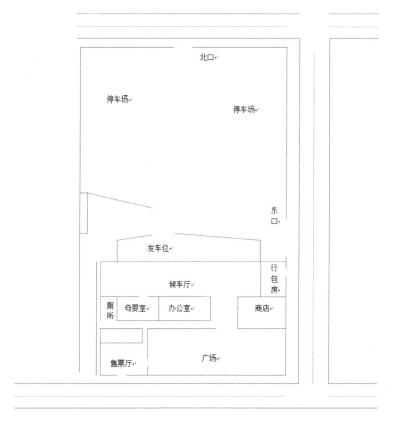

图4.13　站内道路、车位

（7）动态交通流加载，如图4.14所示。
（8）仿真运行，如图4.15所示。

图 4.14 动态交通流加载

图 4.15 仿真运行

实验 3 货运站场平面布局仿真

实验目的与要求

通过实验,使学生了解货运站场平面布局方法;能够分析货运站业务流程并正确设置站房设施及站内道路;培养学生理论与实践相结合的能力和动手能力。实验要求用 VISSIM 根据货运站平面布局原理设计货运站平面,包括站房、堆场、站内道路等,并加载仿真的货物流。

实验仪器、设备

每人 1 台计算机、VISSIM 微观交通仿真软件。

实验内容

(1) 货运站业务及流程分析。

(2)用微观仿真软件 VISSIM 设计货站平面布局、站房设施、站内道路。

(3)加载仿真车辆并运行仿真。

实验操作步骤

(1)货运站场业务流程分析,如图 4.16 所示。

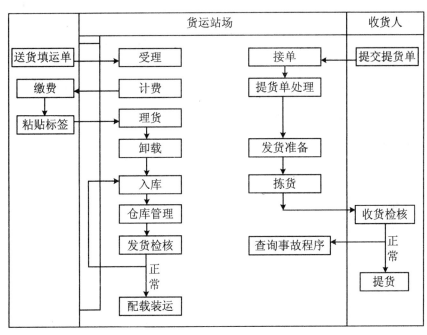

图 4.16　业务流程分析图

(2)设计货运站场地,如图 4.17 所示。

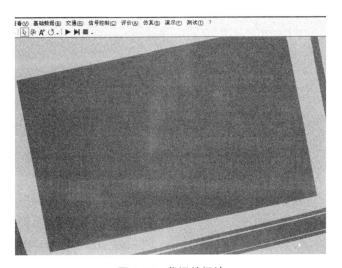

图 4.17　货运站场地

(3) 设计货运站周边路网,如图 4.18 所示。

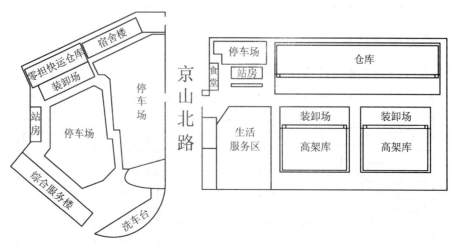

图 4.18 周边路网

(4) 货运站主建筑物、站内仓库、停车场、站内道路等设施,如图 4.19、图 4.20、图 4.21 所示。

图 4.19 主建筑物

图 4.20 停车场

图 4.21　站内道路

(5) 动态交通流加载,如图 4.22 所示。

图 4.22　动态交通流加载

(6) 仿真运行,如图 4.23 所示。

图 4.23　仿真运行

实验 4　集装箱码头平面布局仿真

实验目的与要求

通过实验,使学生熟悉集装箱码头平面布置、作用及相互关系;能够分析其装卸搬运流程并正确设置相关设施及站内道路;了解集装箱码头的集疏运作业系统;培养学生理论与实践相结合的能力和动手能力。

实验仪器、设备

1 台计算机、VISSIM 微观交通仿真软件。

实验内容

(1) 集装箱码头设置及业务流程分析;
(2) 用微观仿真软件 VISSIM 设计集装箱码头堆场、场内道路及设施;
(3) 加载仿真装卸流程。

实验操作步骤

(1) 集装箱堆场装卸搬运流程,如图 4.24 所示。

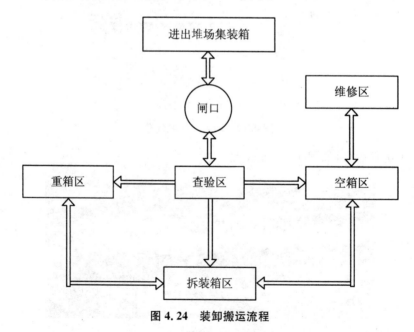

图 4.24　装卸搬运流程

(2) 设计集装箱码头平面、场内道路及设施,如图 4.25 所示。

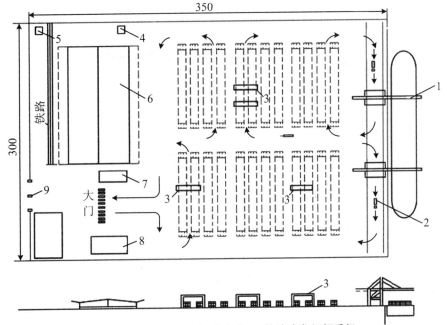

1-岸边集装箱装卸桥;2-拖挂车(牵引车-底盘车);3-轮胎式龙门超重机;
4-加油站;5-电力站;6-拆装箱库;7-办公室;8-维修车间;9-门房

图 4.25 集装箱码头平面、道路及设施

(3) 加载集卡车辆,仿真运行。

第 5 章 运输组织学

5.1 运输组织学课程概述

5.1.1 运输组织学课程简介

运输组织学是交通运输专业的基础课。该课程开设的目的是向学生讲授运输组织的基本理论和基本方法,着重培养学生发现问题解决问题及计算不同类型交通流线路和场站的能力、预测方法的应用、运输线路和调度的优化,使学生形成综合运输体系的整体观念,提高学生的综合素质和社会适应能力,为后续专业课程的学习打下基础。

5.1.2 运输组织学实验课程概述

运输组织学实验作为课程实践环节之一,是教学过程中必不可少的重要内容。本实验课程主要是通过实验,使学生掌握运输组织学的原理和 Cube 软件的基本使用方法。运输量预测是正确把握客、货流变化规律的重要手段,对科学合理地组织运输、提高生产决策水平有着重要意义,交通运输专业学生应当掌握常用的预测方法和工具;应用数学建模方法求得的全局最优解相对于表上作业法获得的最佳解,能够节约运输成本,这说明运输组织的调度优化是非常重要的,应该借助先进的技术与方法解决运输网络设计中的问题。

本实验课具有演示性、综合性、设计性、验证性的特点,能使学生更好地理解与掌握理论教学内容,培养学生运用知识的能力。

5.2 典型实验项目

实验 1　Cube 界面设置及基本操作实验

实验目的

通过 Cube 软件基础知识的介绍,了解 Cube 软件的基本操作,对 Cube 软件形成初步认识;掌握主要操作界面和操作方法;理解如何使用 Cube 软件做交通分析和交通模型,使用 Cube Base 产生分析结果,并了解利用 Cube Voyager 脚本语言开发交通模型。

实验仪器设备

计算机、Cube 软件。

实验原理

通过 Cube 软件的安装和介绍,使学生了解 Cube 软件的基本操作,对 Cube 软件的功能形成初步认识,并掌握主要操作界面和操作方法,最后通过新开发项目来理解和应用 Cube 软件。

实验步骤

1. Cube 软件安装

《Cube 软件安装指南》存储在 Cube 软件光盘的"Cube 软件中文练习指南"目录中。Cube 软件光盘包含 Cube 软件安装程序和用于本指南练习使用的演示案例数据 Cubetown。在进行练习前需要安装 Cube 软件和相关数据。

下面是 2 种不同授权的 Cube 软件的安装步骤:

(1) Demo 演示软件安装

如果没有购买 Cube 软件,但想要学习和评估 Cube 软件的功能,可以安装 Cube 软件 Demo 演示版本和演示案例 Cubetown 练习数据。

① 将 Cube 软件光盘放入电脑光驱中,启动 Windows 资源管理器,打开光盘中的"CubeDemoCD"。

② 用鼠标双击光盘中的"CubeDemoCD\CD-Start.exe"。

③ 程序运行后出现欢迎窗口,如图 5.1 所示。

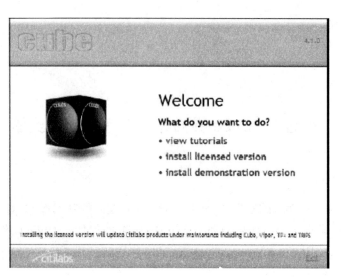

图 5.1 欢迎窗口

④ 点击"install demonstration version"按钮,然后按提示步骤安装 Cube Demo 软件和数据。按图 5.2 所示选择安装模块。

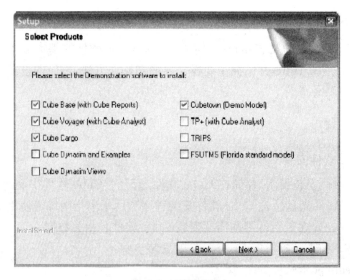

图 5.2 选择模块

在选择安装目录"Choose Destination Location"对话框中,如图 5.3 所示,建议按软件的缺省目录"C:\Cubetown"安装,因本指南中的练习都假定软件安装在缺省的目录下。软件安装完毕后,可以通过以下方式找到安装后的 Cube 软件组:点击 Windows 的"开始"按钮,鼠标指向点击"所有程序",并选择"Citilabs DemoSoftware"。

(2)正式授权软件安装

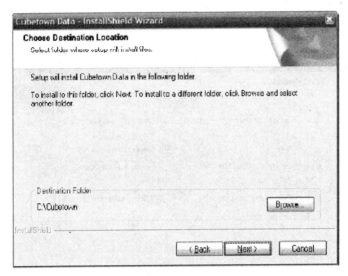

图 5.3　安装目录

安装 Cube 软件和案例 Cubetown 练习数据步骤如下：

① 将 Cube 软件光盘放入电脑光驱中，启动 Windows 资源管理器，打开光盘中的"CubeDemoCD"。

② 用鼠标双击光盘中的"CubeDemoCD\CD-Start.exe"。

③ 程序运行后出现欢迎窗口，如图 5.4 所示。

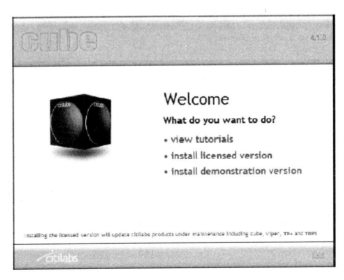

图 5.4　欢迎窗口

④ 点击"install licensed version"，然后按提示步骤安装 Cube 正式授权软件和数据。

正式授权软件安装好后，安装案例 Cubetown 练习数据。在产品选择"Select Products"对话框，选中"Cubetown（Demo Model）"检查框，如图 5.5 所示。

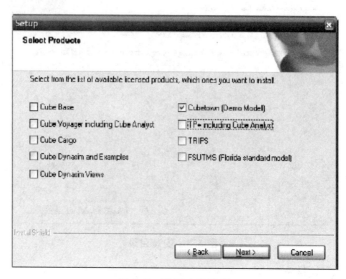

图 5.5　选择安装数据

在选择安装目录"Choose Destination Location"对话框中，建议按软件的缺省目录"C:\Cubetown"安装，因本指南中的练习都假定软件安装在缺省的目录下，如图 5.6 所示。

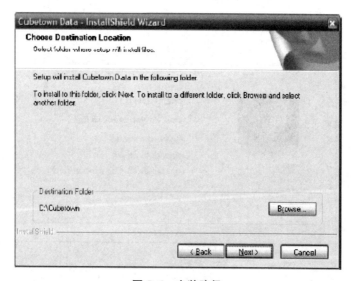

图 5.6　安装路径

软件安装完毕后，可以通过以下方式找到安装后的 Cube 软件组：点击 Windows 的"开始"按钮，鼠标指向点击"所有程序"，并选择"Citilabs LicensedSoftwar"。

2. Cube 软件介绍

Cube 拥有一系列的扩展应用模块,它们共同集成在一个软件环境中,并使用相同的数据源。这些扩展应用模块提供的功能包括出行预测、货流预测、交通仿真、出行矩阵优化和土地利用预测等。

3. 使用 Cube 软件预测交通出行分析——新开发项目练习

对于新建住宅、商业设施或办公大楼等新开发项目,出行预测系统主要是用于评估往返的交通产生量。本案例将用到 Cube 的 Demonstration Model 来评估新建项目对出行流量的影响。

首先在你的电脑桌面上双击"Cube Demo"运行 Cube 演示软件,软件运行后,可以看到"Cube start-up"对话框,在对话框中点击"Demo Data"选项出现"Cube"主对话框,包含所有的模型、数据和项目设定。

引导菜单显示有 3 个子窗口:项目设定 Scenarios 子窗口(在这里可以定制项目场景和运行模型),数据 Data 子窗口(控制每一项目的输入和输出数据,并提供对这些文件的快速访问),应用模型 Applications 子窗口:排列用到的模型步骤,本案例用的是 Cube Demonstration Model 模型。

思考题

将 Cube 软件与 TransCAD 软件进行分析比较,分析它们在具体操作上的不同之处。

实验 2　Excel 预测模型应用实验

运输量预测是正确把握客、货流变化规律的重要手段,对科学合理地组织运输、提高生产决策水平有着重要意义。交通工程专业学生应当掌握常用的预测方法和工具。

实验目的

(1) 结合具体事例,利用常用的预测模型进行预测。

(2) 通过 Excel 表格建立模型和预测,掌握常用的简单预测模型,重点掌握数据如何在各个环节和页面之间转换和传递。

实验仪器

计算机、Excel 软件。

实验原理

根据给定 GDP 与客、货运量等数据,选择合适的预测模型,借助于 Excel 软件,进行客、货运量预测。下面给出 3 种常见预测模型:

1. 简单时间序列法

简单时间序列法是指用平均的方法,把时间序列中的随机波动剔除掉,使序列变得比较平滑,以反映出其基本轨迹,并结合一定的模型进行预测。所平均的范围可以是整个序列(整体平均数),也可以是序列中的一部分(局部平均数)。

$$F(T+1) = (1/N) \times \sum X(I)$$

其中,$X(I)$ 为时间序列的第 I 期实际值;$F(T+1)$ 为时间序列的预测值;N 为取平均的个数;T 为预测的年份。

2. 指数平滑法

指数平均法是在移动平均法基础上发展起来的一种时间序列分析预测法,它是通过计算指数平滑值,配合一定的时间序列预测模型对现象的未来进行预测。

$$F(T) = \alpha \times X(T) + (1-\alpha) \times X(T-1)$$

其中,$X(T)$ 为时间序列的第 T 期实际值;$F(T)$ 为时间序列的第 T 期预测值;α 为平滑系数,范围($0.0 \sim 1.0$);T 为预测的年份。

3. 一元线性回归法

如果在回归分析中,只包括一个自变量和一个固变量,且二者的关系可用一条直线近似表示,这种回归分析称为一元线性回归分析,表示为

$$Y = A + BX$$

其中,X 为预测时期的变量值;Y 为相应的预测值;A、B 为回归方程的系数。(先用最小二乘法拟和得到 A、B 的值,然后用 X 预测 Y)

实验步骤

在 Excel 中建立工作表,将数据资料录入;分别建立(或选择)简单时间序列法、指数平滑法和一元线性回归法预测模型。

1. 几何平均法

表 5.1 是 1995~2001 年河北省国内生产总值,试预测 2003 年的河北省国内生产总值,并说明如何计算定基发展速度、环比发展速度和平均发展速度。

表 5.1 河北省国内生产总值

年 份	国内生产总值(亿元)
1995	2849.52
1996	3452.97
1997	3953.78
1998	4256.01
1999	4596.19
2000	5088.96
2001	5577.78

(1) 在 A 列输入年份,在 B 列输入国内生产总值。

(2) 计算定基发展速度:在 C3 中输入公式"=B3/$B$2",并用鼠标拖拽将公式复制到 C3:C8 区域。

(3) 计算环比发展速度:在 D3 中输入公式"=B3/B2",并用鼠标拖拽将公式复制到 D3:D8 区域。

(4) 计算平均发展速度(水平法):选中 C10 单元格,单击插入菜单,选择函数选项,出现插入函数对话框后,选择 Geomean(返回几何平均值)函数,在数值区域输入"D3:D8"即可,如图 5.7 所示。

图 5.7 用 Excel 计算定基发展速度和平均发展速度资料及结果

2. 用移动平均法进行预测

某煤矿某年 1~11 月份采煤量如表 5.2 所示,试用一次移动平均和二次移动平均预测次年 1 月份的煤产量。

表 5.2 采煤量

(单位:万 t)

月份	产量	月份	产量
1	9.03	7	9.15
2	9.06	8	9.36
3	9.12	9	9.45
4	8.73	10	9.30
5	8.94	11	9.24
6	9.30	12	

(1) 将原始数据录入到 A2:A12 区域,如图 5.8 所示。

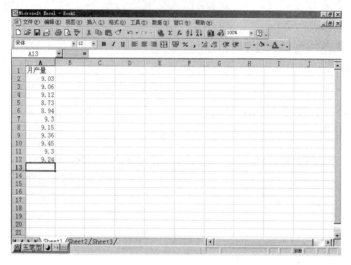

图 5.8　Excel 数据集

(2) 选择工具→数据分析,弹出如图 5.9 所示对话框。

图 5.9　"数据分析"对话框

(3) 在"分析工具"框中选择"移动平均",单击"确定"按钮,弹出"移动平均"对话框,如图 5.10 所示,做相应输入。

图 5.10　"移动平均"对话框

① 在"输入区域"内输入"＄A＄2：＄A＄12",即原始数据所在的单元格区域。
② 在"间隔"内输入"3",表示使用三步移动平均法。
③ 在"输出区域"内输入"B2",即将输出区域的左上角单元格定义为"B2"。
④ 选择"图表输出"复选框和"标准误差"复选框。
(4) 单击"确定"按钮,便可得到移动平均结果,如图 5.11 所示。

在图 5.11 中,B4:B12 区域对应的数据即为三步移动平均的预测值;C6:C12 区域即为标准误差。

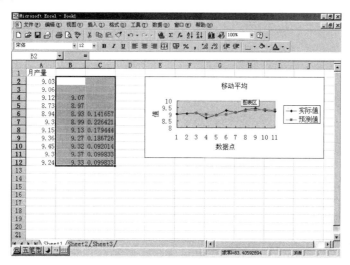

图 5.11 移动平均分析结果

3. 用指数平滑法进行预测

用指数平滑进行预测,步骤如下:
(1) 将原始数据输入到单元格 B2:B12 区域。
(2) 选择工具→数据分析,弹出如图 5.12 所示的对话框。

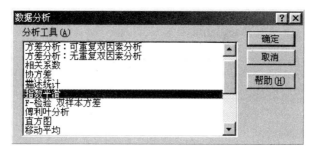

图 5.12 "数据分析"对话框

(3) 在"分析工具"中选择"指数平滑",单击"确定"按钮,弹出一个对话框,做相应输入,即可得到如图 5.13 所示的对话框。

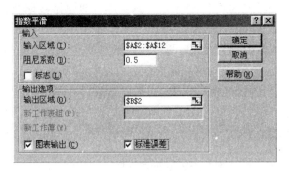

图 5.13 "指数平滑"对话框

(4) 单击"确定"按钮,即可得到指数平滑结果,如图 5.14 所示。

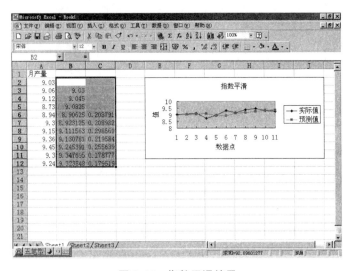

图 5.14 指数平滑结果

(5) 用 Excel 进行相关和回归分析

10 个学生身高和体重的情况如表 5.3 所示,下面以此为例做相关和回归分析。

表 5.3　10 个学生的身高和体重

学生	身高(cm)	体重(kg)
1	171	53
2	167	56
3	177	64
4	154	49
5	169	55

续表

学生	身高(cm)	体重(kg)
6	175	66
7	163	52
8	152	47
9	172	58
10	160	50

首先把有关数据输入 Excel 的单元格中,如图 5.15 所示。

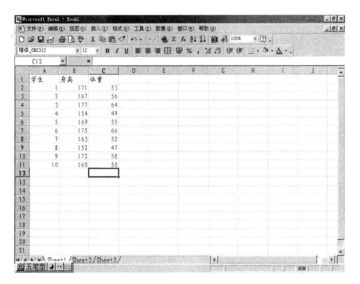

图 5.15 Excel 数据集

1) 相关分析

用 Excel 进行相关分析有 2 种方法,一是利用相关系数函数,另一种是利用相关分析宏。

① 利用函数计算相关系数

Excel 提供了两种计算两个变量之间相关系数的方法,CORREL 函数和 PERSON 函数,这两个函数是等价的,下面介绍用 CORREL 函数计算相关系数:

第一步:单击任一个空白单元格,单击"插入"菜单,选择"函数"选项,打开"粘贴函数"对话框,在函数分类中选择统计,在函数名中选择"CORREL",单击"确定"后,出现"CORREL"对话框。

第二步:在"array1"中输入"B2:B11",在"array2"中输入"C2:C11",即可在对话框下方显示出计算结果 0.896,如图 5.16 所示。

图 5.16 CORREL 对话框及输入结果

② 用相关系数宏计算相关系数

第一步：单击"工具"菜单，选择"数据分析"选项，在"数据分析"选项中选择"相关系数"，弹出"相关系数"对话框，如图 5.17 所示。

图 5.17 "相关系数"对话框

第二步：在输入区域输入"＄B＄1：＄C＄1"，分组方式选择逐列，选择标志位于第一行，在输出区域中输入"＄E＄1"，单击"确定"，输出结果如图 5.18 所示。

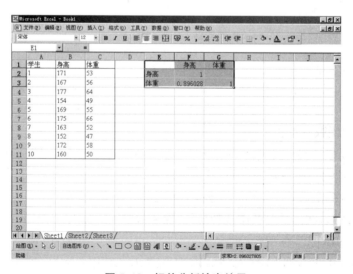

图 5.18 相关分析输出结果

在上面的输出结果中,身高和体重的自相关系数均为1,身高和体重的相关系数为0.896,和用函数计算的结果完全相同。

2) 用Excel进行回归分析

用Excel进行回归分析同样分函数和回归分析宏2种形式,其提供了9个函数用于建立回归模型和预测,这9个函数分别是:INTERCEPT(返回线性回归模型的截距)、SLOPE(返回线性回归模型的斜率)、RSQ(返回线性回归模型的判定系数)、FORECAST(返回一元线性回归模型的预测值)、STEYX(计算估计的标准误)、TREND(计算线性回归线的趋势值)、GROWTH(返回指数曲线的趋势值)、LINEST(返回线性回归模型的参数)、LOGEST(返回指数曲线模型的参数)。

用函数进行回归分析比较麻烦,下面介绍使用回归分析宏进行回归分析。

第一步:单击"工具"菜单,选择"数据分析"选项,出现"数据分析"对话框,在"分析工具"中选择"回归",如图5.19所示。

图5.19 "数据分析"对话框

第二步:单击"确定"按钮,弹出"回归"对话框,在Y值输入区域输入"$B$2:$B$11",在X值输入区域输入"$C$2:$C$11",输出选项选择新工作表组,如图5.20所示。

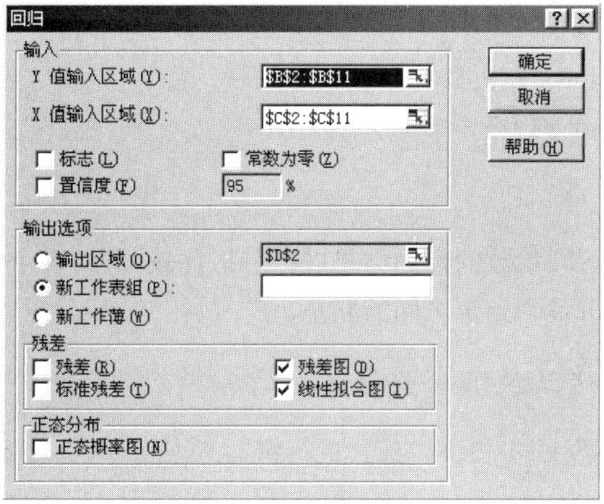

图5.20 "回归"对话框

第三步：单击"确定"按钮，得到回归分析结果，如图 5.21 所示。

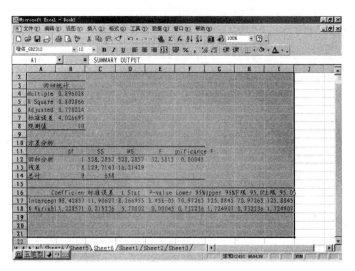

图 5.21　Excel 回归分析结果

在上面的输出结果中，第一部分为回归统计，其中 Multiple 为复相关系数；R Square 为判定系数；为 Adjusted 为调整的判定系数。

标准误差为估计的标准误，观测值指样本容量。第二部分为方差分析，其中，df 为自由度；SS 为平方和；MS 为均方；F 为 F 统计量；Significance of F 指 p 值。

第三部分：Intercept 为截距；Coefficient 为系数，t stat 为 t 统计量。

根据选定预测模型，进行预测，并撰写实验报告。

数据记录与处理

预测数据保留小数点后 2 位。

注意事项

需要学生预先掌握 Excel 函数命令操作。

思考题

将不同模型、不同参数的预测结果进行分析比较，分析各个模型之间的预测结果的差异性，并分析各个方法之间的联系。

实验报告的格式及撰写要求

按学校统一印发的实验报告格式进行撰写。

实验3　利用 LINGO 软件运输组织优化

实验任务

以最小成本为目标,合理配置运输流量设计,建立优化的运输网络。

实验要求

要求根据给定信息,利用 LINGO 教学软件,建立运输网络优化模型,通过不同方法,根据不同优化解,比较运输网络与流量配置的差异。

实验仪器

计算机,LINGO 软件。

实验步骤

在 Windows 下运行 LINGO 时,出现如图 5.22 所示的窗口。

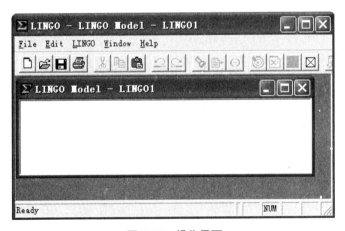

图 5.22　操作界面

外层是主框架窗口,包含了所有的菜单命令和工具条,其他所有的窗口包含在主窗口之下。在主窗口内的标题为"LINGO Model-LINGO1"的窗口是 LINGO 的默认模型窗口,建立的模型都在该窗口内编码实现。

根据表 5.4 提供的货运任务信息以及表 5.5 中的收发货点之间的距离信息,求解最优运输调配方案(空车行驶行程最短)。

表 5.4 货运任务表

发货点 （空车收点）	收货点 （空车发点）	运量/辆	货名
A	E	8	水泥
B	A	11	煤
C	F	18	炉渣
D	G	15	化肥
K	K	7	

表 5.5 车场及各货运点间的里程表

（单位：km）

发货点 （空车收点）	F	G	E	A	K
A	5	9	6	0	5
B	2	6	9	3	8
C	5	7	9	3	2
D	6	10	2	8	13
K	7	5	11	5	100

参考程序如下：

model：

! 5发点5收点运输问题；

sets：

! E A F G K；

    supply/sp1..sp5/：svnum；

! A B C D K；

    demand/d1..d5/：dvnum；

    links(supply,demand)：distance，vnum；

endsets

! 目标函数；

min＝@sum(links：distance * vnum)；

! 需求约束；

@for(demand(J)：

@sum(supply(I)：vnum(I,J))＝dvnum(J))；

! 供应约束；

@for(supply(I):
@sum(demand(J): vnum(I,J))=svnum(I));
@sum(supply(I):svnum)=@sum(demand(J):dvnum);

! 这里是数据;
data:
  svnum=8 11 18 15 7;
  dvnum=8 11 18 15 7;
  distance=5 2 5 6 7
         9 6 7 10 5
         6 9 9 2 11
         0 3 3 8 5
         5 8 2 13 100;
enddata
End

然后点击工具条上的按钮 即可。

最优解:168.00 km;表上作业法:194.00 km

实验结论

应用数学建模方法求全局最优解比表上作业法获得的最佳解节约运输成本,说明运输组织的调度优化是非常重要的,应该借助先进的技术与方法解决运输网络设计中的问题。

实验报告的格式及撰写要求

按照教师指导要求撰写实验报告。

思考题

(1) 如何在 LINGO 中求解如下的 LP 问题:

$$\min(2x_1+3x_2)$$
$$\text{s.t.} \begin{cases} x_1+x_2 \geqslant 350 \\ x_1 \geqslant 100 \\ 2x_1+x_2 \leqslant 600 \\ x_1,x_2 \geqslant 0 \end{cases}$$

(2) 使用 LINGO 软件计算 6 个发点 8 个收点的最小费用运输问题,产销单位运价如表 5.6 所示。

表 5.6 收货点价格与销量

单位运价 销地 产地	B_1	B_2	B_3	B_4	B_5	B_6	B_7	B_8	产量
A_1	6	2	6	7	4	2	5	9	60
A_2	4	9	5	3	8	5	8	2	55
A_3	5	2	1	9	7	4	3	3	51
A_4	7	6	7	3	9	2	7	1	43
A_5	2	3	9	5	7	2	6	5	41
A_6	5	5	2	2	8	1	4	3	52
销量	35	37	22	32	41	32	43	38	

第二部分

拓展篇

第6章 道路交通安全

6.1 道路交通安全课程概述

6.1.1 道路交通安全课程简介

道路交通安全是交通运输专业的一门专业课程,也是一门应用性很强的课程。它从安全的角度,对交通运输系统进行科学研究,查明事故发生的原因和经过,找出灾害的本质与规律,寻求消除或减少交通事故、减轻事故损失、保障交通安全及畅通的措施和方法。本课程的授课对象是交通运输专业本科生。学生通过学习该课程,应掌握交通安全基本理论,学会运用交通安全分析和评价方法以及交通安全技术、交通安全管理的理论和方法解决实际问题,具备综合分析和处理各类交通安全问题的基本能力。

6.1.2 道路交通安全实验课程概述

道路交通安全实验作为课程实践性环节之一,是教学过程中必不可少的重要内容。本实验课程主要是通过实验,使学生运用交通安全分析和评价方法以及交通安全技术、交通安全管理的理论和方法解决实际问题,培养学生综合分析、处理各类交通安全问题的基本能力,使学生更好地理解掌握理论教学的内容,培养学生运用理论知识的能力。本实验课具有综合性的特点。本实验是学生在完成道路交通安全课程教学内容之后进行的实践教学环节,是课程学习的重要组成部分,是巩固和深化教学内容,使学生达到理论联系实际、学以致用目标的重要途径。通过实验讲解,使学生加深理解、验证巩固课堂教学内容;加强交通运输专业学生的实践动手能力和自主创新能力。

6.2 典型实验项目

实验 1 交通安全评价

实验目的和要求

通过交通安全工程的理论学习,了解安全评价的含义、安全标准、安全评价的内容和程序以及安全评价的作用和意义,掌握安全检查表评价法、定量安全评价法以及多指标安全综合评价法及其在交通运输中的应用;通过实际调查,能够根据研究对象建立相应评价指标体系并进行分析,有针对性地选取点(黑点)、线(路段)、面(区域或城市)为研究对象,分析并建立相应评价指标体系,对指标进行分析、比较和筛选等实验。

实验内容

(1) 交通安全评价的内容和程序。
(2) 交通区域与路段的调查。
(3) 交通安全评价指标体系的建立。

实验原理

(1) 安全评价也称危险性评价或风险评价,它以实现系统安全为目的,应用安全系统工程原理和工程技术方法,对系统中固有或潜在的危险因素进行定性和定量分析,得出系统发生危险的可能性及其后果严重程度,通过与评价标准进行比较得出系统的危险程度,提出改进措施,以寻求最低事故率、最少的损失和最优的安全投资。

① 对系统存在的不安全因素进行定性和定量分析,这是安全评价的基础,包括安全测定、安全检查和安全分析等;
② 通过与评价标准进行比较得出系统发生危险的可能性及其后果严重程度;
③ 提出改进措施,以寻求最低的事故率,达到安全评价的最终目的。

(2) 交叉口交通安全的影响因素分析是评价交叉口安全的主要内容,一般来说,可以将交叉口交通安全的影响因素分为两类:主观因素和客观因素。这里主要分析客观因素来建立指标体系。客观因素主要分为几何条件、交通控制和交通环境 3 个方面。

(3) 在可观测条件下,2 个或 2 个以上道路使用者在同一时间、空间上相互接近时,如果其中一方采取非正常交通行为,如转换方向、改变车速、突然停车等,除非另一方也相应采取避险行为,否则会发生碰撞,这一现象就是交通冲突。

主要仪器设备

平面交叉口实例、AutoCAD 软件、计算机。

实验方法与操作步骤

(1) 资料收集和研究。
(2) 危险因素辨识与分析。
(3) 确定评价方法,建立指标体系。
(4) 实施安全评价。
(5) 提出降低或控制危险的安全对策。

实验报告及要求

(1) 实验的目的和意义。
(2) 实验时间、地点。
(3) 实验内容及方法。
(4) 资料整理。
(5) 提交道路交叉口安全评价实验报告,从人、车、路和环境的角度去分析交叉口的安全,建立指标体系。
(6) 绘制交叉口以及安全设施的现场图,图形要符合规范。
(7) 注意安全,小组分工明确,按时按照要求上交实验报告。
(8) 问题及建议。

实验 2 交通安全分析

实验目的和要求

通过交通安全工程的理论学习,掌握常用的交通安全分析技术,包括统计图表分析、安全检查表分析、预先危险性分析、故障类型影响和致命度分析;能够结合具体事故案例绘制事故树并进行定性和定量分析。

实验原理

1. 事故树分析

事故树分析是一种图形演绎方法,是分析事故事件的逻辑推理方法,不仅可以分析某些单元故障对系统的影响,还可以对导致系统事故的特殊原因,如人为因素、环境影响进行分析。FTA 的过程,是一个深入认识系统的过程,它要求分析人员把握系统内各要素间的内在联系,弄清各种潜在因素对事故产生影响的途径和程度。

2. 事故树模型

利用事故树模型可以定量计算复杂系统发生事故的概率,为改善和评价系统安全性提供定量依据。事故树分析还存在许多不足之处,主要是:FTA 需要花费大量的人力、物力和时间;FTA 的难度较大,建树过程复杂,需要经验丰富的技术人员参加,容易发生遗漏和错误。

3. 利用布尔代数化简事故树

在事故树初稿编制好之后,需要对事故树进行仔细检查并利用布尔代数化简,特别是在事故树的不同部件存在相同的基本事件时,必须用布尔代数进行整理化简,然后才能进行定性、定量分析,否则就可能造成分析错误。

4. 最小割集与最小径集

事故树定性分析的主要任务是求出导致系统事故的全部故障模式,系统的全部故障模式就是系统的全部最小割集。系统的全部正常模式就是系统的全部最小径集。通过对最小割集或最小径集的分析可以找出系统的薄弱环节,提高系统的安全性和可靠性。

5. 最小割集的求法

事故树经过布尔代数化简,得到若干交集的并集,每个交集实际就是一个最小割集。

6. 最小径集的求法

成功树的最小割集就是原事故树的最小径集。

对偶树:只要把原事故树中的与门改为或门,或门改为与门,其他的如基本事件、顶上事件不变,即可建造对偶树。

成功树:在对偶树的基础上,再把基本事件及顶上事件改成它们的补事件,就可得到成功树。

7. 事故树定量分析

事故树定量分析的任务是:在求出各基本事件发生概率的情况下,计算或估算系统顶上事件发生的概率以及系统的有关可靠性特性,并以此为依据,综合考虑事故(顶上事件)的损失程度,并将其与预定的目标进行比较。如果得到的结果超过了允许目标,则必须采取相应的改进措施,使其降至允许值以下。

8. 最小割集的概率

如果各最小割集中彼此没有重复的基本事件,则可先求出各个最小割集的概率,即最小割集所包含的基本事件的交(逻辑与)集,然后求出所有最小割集的并

(逻辑或)集概率,即得到顶上事件的发生概率。若最小割集中有重复事件,则必须要用布尔代数消除每个概率集中的重复事件。

实验内容

(1) 事故树方法的案例分析。
(2) 事故说明及发生原因分析。

主要仪器设备

局域网环境,每人1台电脑。

实验方法及操作步骤

(1) 事故发生原因调查:根据任务书要求分析的事故,查阅有关资料,调查该类事故发生的原因,包括直接原因、间接原因以及基础原因,分析所有可能的情况。
(2) 事故树编制:根据以上调查分析的结果,按照事故树编制的原则编制事故树,并对编制的事故树进行适当简化。
(3) 事故树定性分析:根据简化后的事故树,求出事故树的最小割集、最小径集以及结构重要度。
(4) 事故树定量分析:如果条件具备(有相关基本原因事件的发生概率数据时)进行事故树的定量分析。
(5) 根据分析结果制定事故预防的技术措施。
(6) 资料整理及撰写实验报告。

实验报告及要求

(1) 每位同学完成一个实验题目,自己收集资料。
(2) 巩固和加深学生对专业基本知识的理解,提高综合运用本课程所学知识的能力。
(3) 通过独立思考,深入钻研有关问题,学会自己分析并解决问题的方法。
(4) 培养严肃、认真的工作作风和科学态度。通过实验,逐步建立正确的生产观点、经济观点和全局观点。
(5) 提高交通安全意识和学法守法的自觉性,加强对交通安全法律法规的理解。
(6) 实验报告必须按要求撰写,按时上交。

第7章 道路交通管理与控制

7.1 道路交通管理与控制课程概述

7.1.1 道路交通管理与控制课程简介

道路交通管理与控制课程是交通工程和交通运输等专业的专业特色课程。在内容上,它着重阐述针对现有道路交通设施如何科学地采取交通管理与控制来提高交通效率和交通安全。通过本课程的学习,应使学生全面了解并掌握道路交通管理与控制的基本理论和方法,培养学生综合运用专业知识解决交通问题的能力,使学生具备对道路交通进行运营管理与控制的基本知识和技能。

7.1.2 道路交通管理与控制实验课程概述

道路交通管理与控制实验是交通工程和交通运输等专业的专业特色课程。通过本课程的学习,应使学生了解我国交通管理与控制的法律法规的主要内容及交通管理与控制的硬件设施,如各种标志和标线、信号控制机、信号显示器等的功能、结构性能及制造;熟悉交通管理与控制的软件系统。在本课程的学习过程中要多观察,多到实验室结合具体的设备来学习,进行实验技能的基本训练。

7.2 典型实验项目

实验1 熟悉 Synchro 信号仿真平台

实验目的与要求

了解信号仿真软件的功能;熟悉应用程序的界面、工具和菜单。

实验仪器、设备和材料

计算机,Synchro 仿真软件。

实验内容和要求

(1) 了解 Synchro 系统运行的基本环境。
(2) 了解 Synchro 系统的基本结构和功能。

实验方法与步骤

快速熟悉基本的菜单之后,按照下面的步骤来建立一个交叉口的 Synchro 文件。

(1) 打开软件,在左侧窗口中可以看到"Add Link"按钮,如图 7.1 所示,选中之后可以在右面空白处画出交叉口。

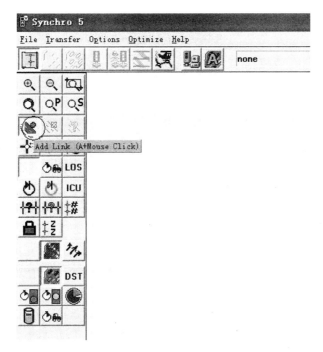

图 7.1 "Add Link"按钮

(2) 先画交叉口的一条线,如图 7.2 所示。

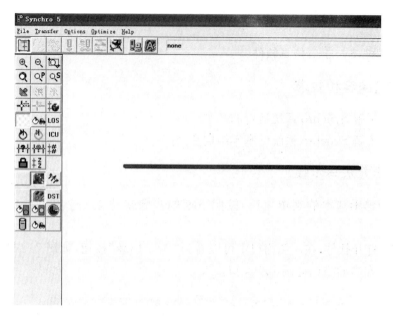

图 7.2 交叉口的一条线

(3) 再画交叉口的另外一条线,组成一个交叉口,如图 7.3 所示,此时注意保存一下文件。

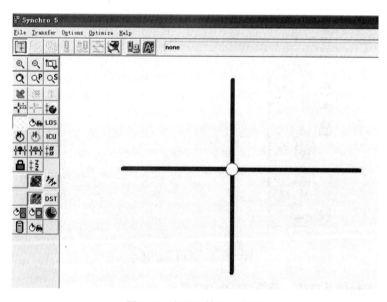

图 7.3 交叉口的另一条线

(4) 选择交叉口的任意一个进口,如图 7.4 所示,可以输入它的速度、长度等属性值。

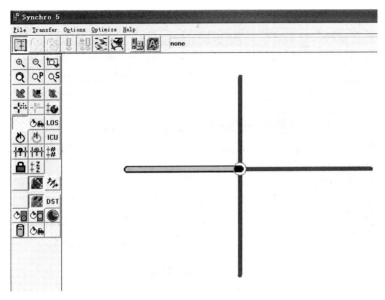

图 7.4 选择任意一个进口

(5) 属性值的输入:单击窗口中带圈的按钮(如图 7.5 所示)或者在第(4)步中右键选择"properties"。

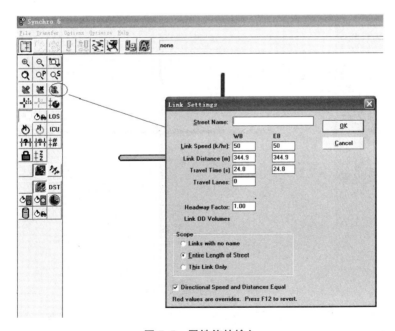

图 7.5 属性值的输入

注意:属性值中距离单位可以是米,也可以是英尺,二者可以相互转换,如图 7.6 所示。

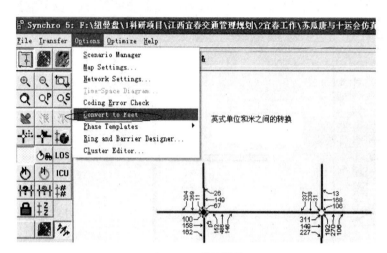

图 7.6　单位转换

（6）属性值输入之后，然后单击交叉口中心点选择此交叉口，此时上面的菜单都变为可用，可以来输入车道分布、流量等数值，如图 7.7 所示。

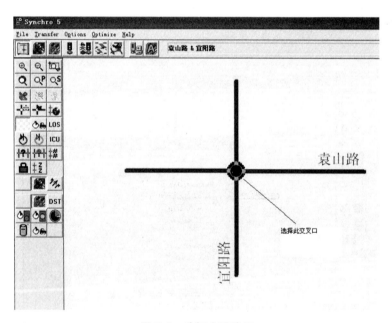

图 7.7　选择交叉路口

（7）如图 7.8 所示，单击带圈的按钮进入 Lane Window，在此窗口中输入车道分布、车道宽度、坡度及地区类型等数值。（注意：此软件中 E 代表向东走，即西进口，其他同理。）

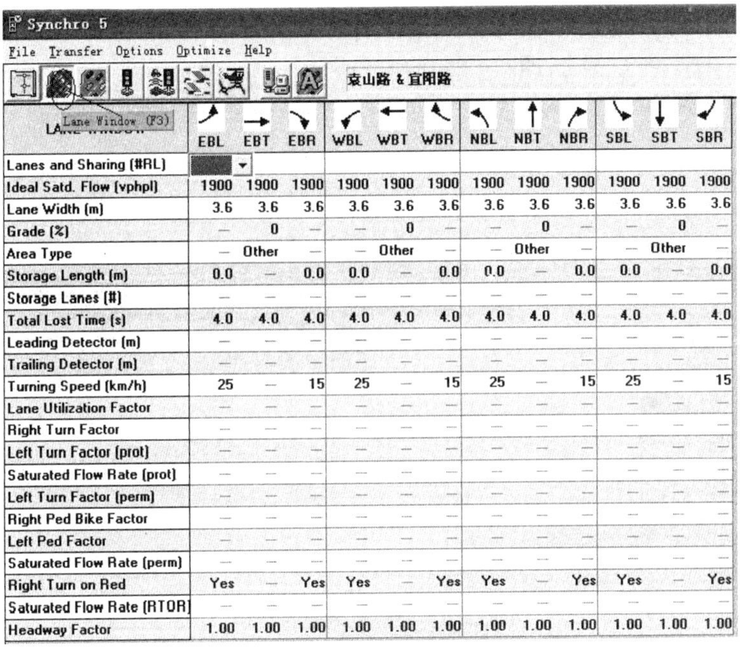

LANE WINDOW	EBL	EBT	EBR	WBL	WBT	WBR	NBL	NBT	NBR	SBL	SBT	SBR
Lanes and Sharing (#RL)												
Ideal Satd. Flow (vphpl)	1900	1900	1900	1900	1900	1900	1900	1900	1900	1900	1900	1900
Lane Width (m)	3.6	3.6	3.6	3.6	3.6	3.6	3.6	3.6	3.6	3.6	3.6	3.6
Grade (%)	—	0	—	—	0	—	—	0	—	—	0	—
Area Type	—	Other	—	—	Other	—	—	Other	—	—	Other	—
Storage Length (m)	0.0	—	0.0	0.0	—	0.0	0.0	—	0.0	0.0	—	0.0
Storage Lanes (#)	—	—	—	—	—	—	—	—	—	—	—	—
Total Lost Time (s)	4.0	4.0	4.0	4.0	4.0	4.0	4.0	4.0	4.0	4.0	4.0	4.0
Leading Detector (m)	—	—	—	—	—	—	—	—	—	—	—	—
Trailing Detector (m)	—	—	—	—	—	—	—	—	—	—	—	—
Turning Speed (km/h)	25	—	15	25	—	15	25	—	15	25	—	15
Lane Utilization Factor	—	—	—	—	—	—	—	—	—	—	—	—
Right Turn Factor	—	—	—	—	—	—	—	—	—	—	—	—
Left Turn Factor (prot)	—	—	—	—	—	—	—	—	—	—	—	—
Saturated Flow Rate (prot)	—	—	—	—	—	—	—	—	—	—	—	—
Left Turn Factor (perm)	—	—	—	—	—	—	—	—	—	—	—	—
Right Ped Bike Factor	—	—	—	—	—	—	—	—	—	—	—	—
Left Ped Factor	—	—	—	—	—	—	—	—	—	—	—	—
Saturated Flow Rate (perm)	—	—	—	—	—	—	—	—	—	—	—	—
Right Turn on Red	Yes	—	Yes	Yes	—	Yes	Yes	—	Yes	Yes	—	Yes
Saturated Flow Rate (RTOR)	—	—	—	—	—	—	—	—	—	—	—	—
Headway Factor	1.00	1.00	1.00	1.00	1.00	1.00	1.00	1.00	1.00	1.00	1.00	1.00

图 7.8　Lane Window

(8) 如图 7.9 所示,单击带圈的按钮进入 Volume Window,在此窗口中输入分流向的流量、与右转弯冲突的行人、自行车数量及高峰小时系数等。

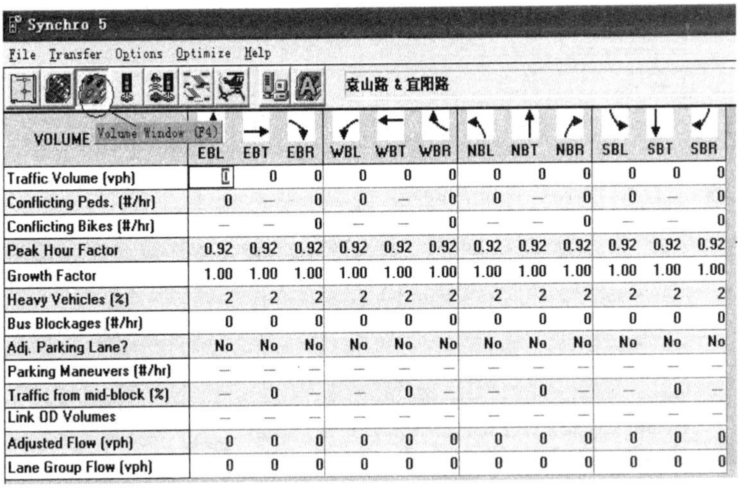

VOLUME	EBL	EBT	EBR	WBL	WBT	WBR	NBL	NBT	NBR	SBL	SBT	SBR
Traffic Volume (vph)		0	0	0	0	0	0	0	0	0	0	0
Conflicting Peds. (#/hr)	0	—	0	0	—	0	0	—	0	0	—	0
Conflicting Bikes (#/hr)	—	—	0	—	—	0	—	—	0	—	—	0
Peak Hour Factor	0.92	0.92	0.92	0.92	0.92	0.92	0.92	0.92	0.92	0.92	0.92	0.92
Growth Factor	1.00	1.00	1.00	1.00	1.00	1.00	1.00	1.00	1.00	1.00	1.00	1.00
Heavy Vehicles (%)	2	2	2	2	2	2	2	2	2	2	2	2
Bus Blockages (#/hr)	0	0	0	0	0	0	0	0	0	0	0	0
Adj. Parking Lane?	No	No	No	No	No	No	No	No	No	No	No	No
Parking Maneuvers (#/hr)	—	—	—	—	—	—	—	—	—	—	—	—
Traffic from mid-block (%)	—	0	—	—	0	—	—	0	—	—	0	—
Link OD Volumes	—	—	—	—	—	—	—	—	—	—	—	—
Adjusted Flow (vph)	0	0	0	0	0	0	0	0	0	0	0	0
Lane Group Flow (vph)	0	0	0	0	0	0	0	0	0	0	0	0

图 7.9　Volume Window

(9) 以上输入完毕之后,再单击下面带圈的按钮,显示如图 7.10 所示,检查输入是否正确。

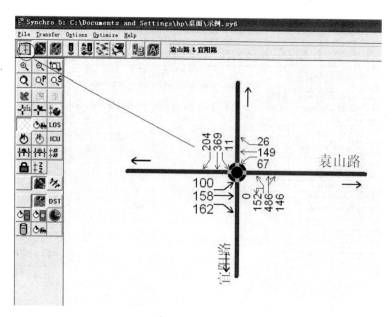

图 7.10 检查输入是否正确

(10) 进入 TIMING WINDOW,在此窗口中进行相位设置,配时设计参数,如图7.11 所示。

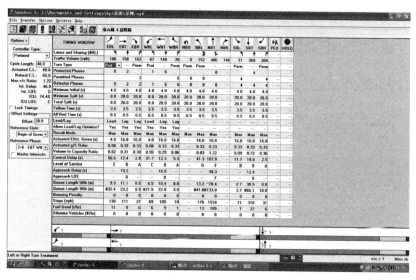

图 7.11 TIMING WINDOW

(11) Protected Phases 和 Permitted Phases 输入的是数值代码,它与我们的规定不同,每一个代码代表的是每个进口道的一股交通流,如果是标准的设置,就可以利用下面的菜单来自动获得代码,其中 East-West 是主要方向的选择第一个,反之选择第二个,如果不是标准的可以编辑(第三项),如图 7.12 所示。

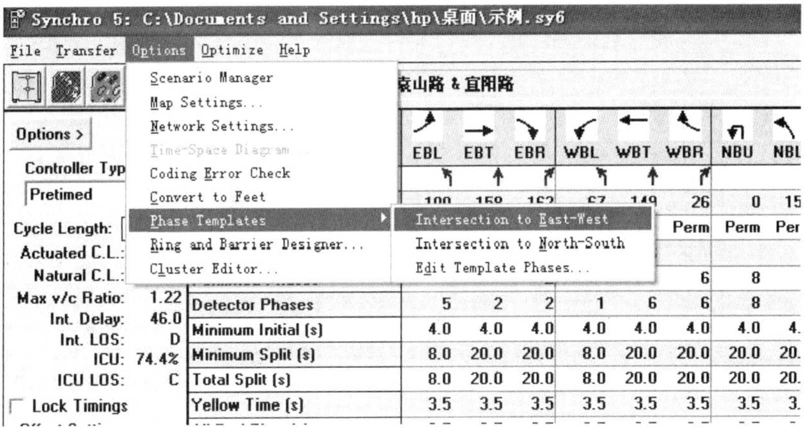

图 7.12　Phase Templates 菜单

(12) 如图 7.13 所示,单击下面带圈的按钮进入"PHASING WINDOW",在此窗口中输入配时参数,一般采用默认值。

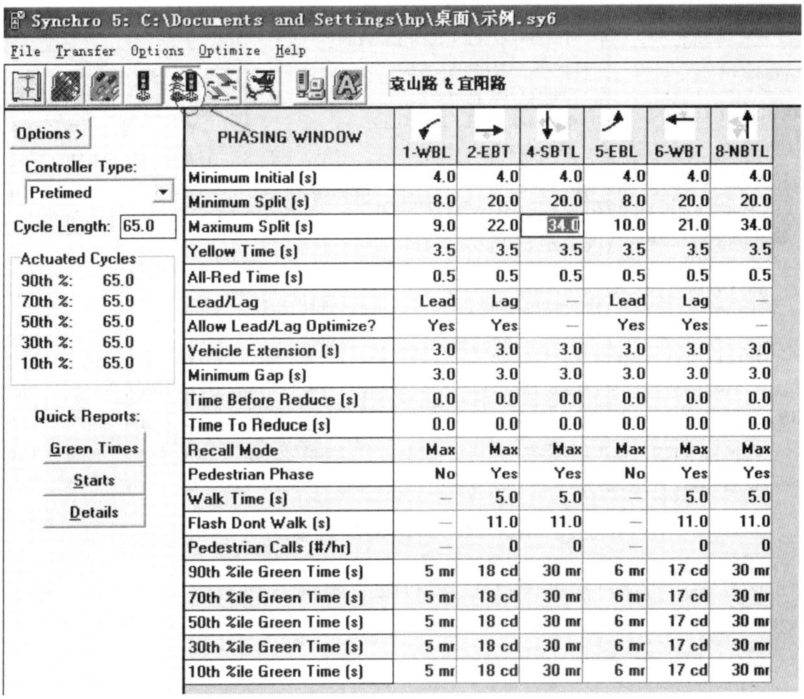

图 7.13　PHASING WINDOW

(13) 再进入 TIMING WINDOW，最下面就会出现配时图，如图 7.14 所示。

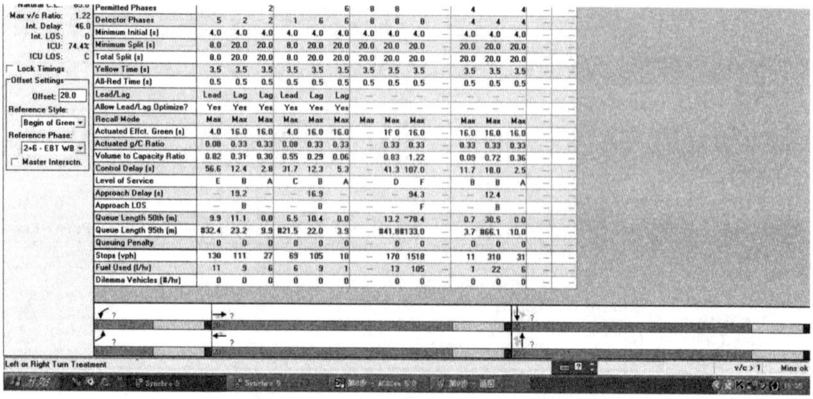

图 7.14 TIMING WINDOW

(14) 选择"Optimize"菜单对配时进行优化，如图 7.15 所示。

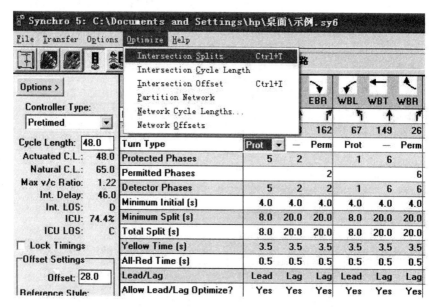

图 7.15 Optimize 菜单

(15) 在任意一个窗口中，单击带圈的按钮来进入仿真窗口，如图 7.16 所示。

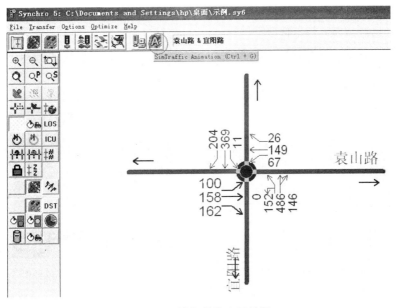

图 7.16　进入仿真窗口按钮

(16) 仿真窗口如图 7.17 所示。

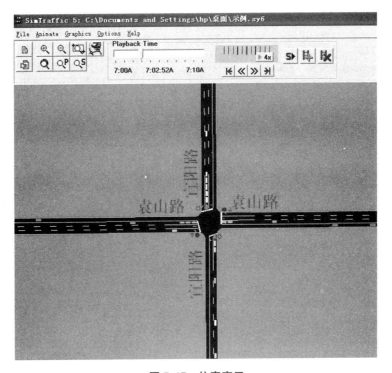

图 7.17　仿真窗口

(17) 在仿真窗口中选择如图 7.18 所示的菜单就可以显示统计图表,统计值可以在图 7.19 中选择。

图 7.18　显示统计图表

图 7.19　选择统计值

(18) 如果选择了车辆平均延误,仿真显示如图 7.20 所示。

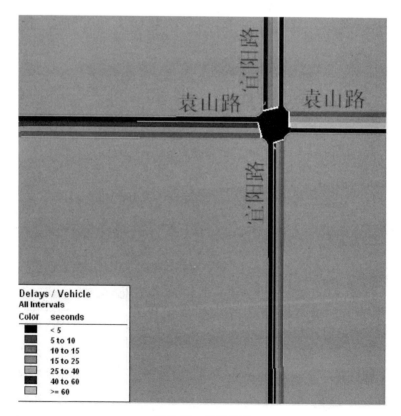

图 7.20　仿真结果

(19) 另外还可以在第一个窗口中通过单击按钮来直接显示交叉口的一些参数,如图7.21所示。

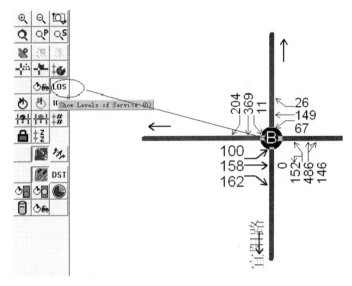

图 7.21　显示服务水平的示例

实验2　熟悉 VISSIM 仿真平台

实验目的与要求

了解 VISSIM 仿真软件的功能;熟悉应用程序的界面、工具和菜单。

实验仪器、设备和材料

计算机,VISSIM 仿真软件。

实验内容和要求

(1) 了解 VISSIM 系统运行的基本环境。
(2) 了解 VISSIM 系统的基本结构和功能。

实验方法与步骤

(1) 界面认识,VISSIM 仿真软件界如图 7.22 所示。
(2) 实现基本路段仿真
① 编辑基本路段,如图 7.23 所示。
② 为路段添加车流量,如图 7.24 所示。

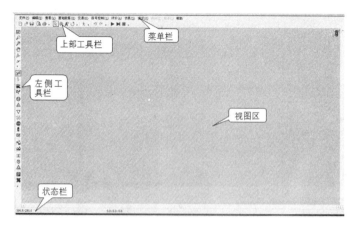

图 7.22 VISSIM 软件界面

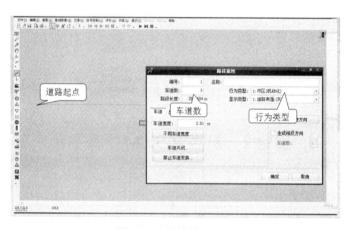

图 7.23 编辑基本路段

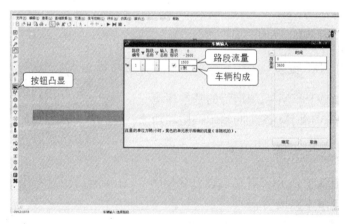

图 7.24 添加车流量

③ 进行仿真,如图 7.25 所示。

图 7.25 进行仿真

(3) 设置行程时间检测器

① 设置检测器,如图 7.26 所示。

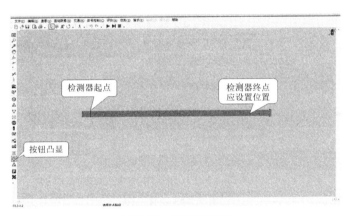

图 7.26 设置检测器

评价结果如图 7.27 所示。

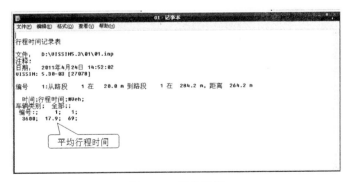

图 7.27 评价结果

② 添加出口匝道,如图 7.28、图 7.29 所示。

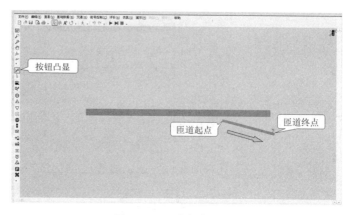

图 7.28 匝道起点、终点

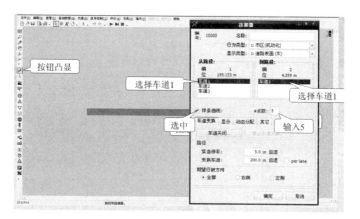

图 7.29 选择车道

连接匝道,如图 7.30 所示。

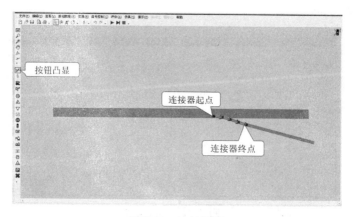

图 7.30 连接匝道

运行仿真如图 7.31 所示。

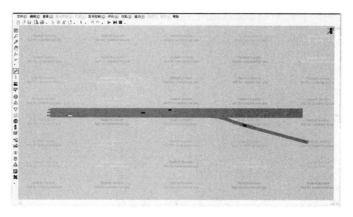

图 7.31 运行仿真

③ 添加路径决策,如图 7.32、图 7.33、图 7.34 所示。

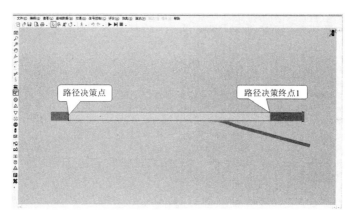

图 7.32 路径决策终点 1

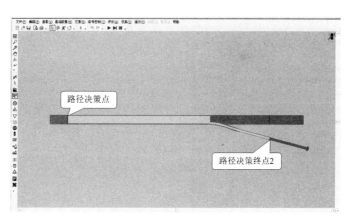

图 7.33 路径决策终点 2

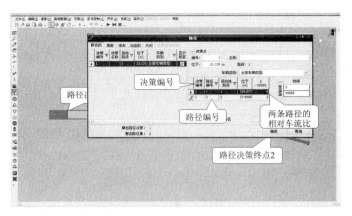

图 7.34　路径决策终点 3

(4) 冲突区的设置

① 删除出口匝道,如图 7.35 所示。

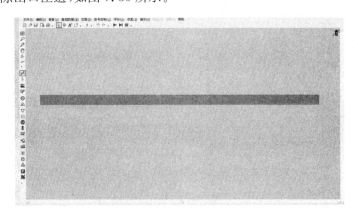

图 7.35　删除出口匝道

② 添加相交道路,如图 7.36 所示。

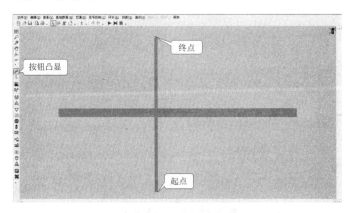

图 7.36　添加相交道路

③ 添加相交道路流量，如图 7.37 所示。

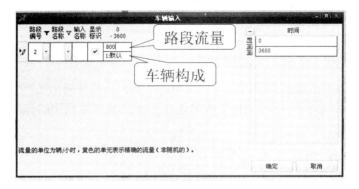

图 7.37 添加相交道路流量

④ 设置冲突区，如图 7.38 所示。

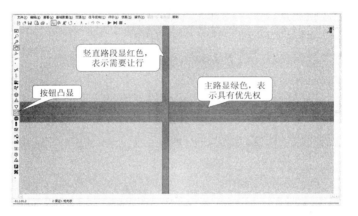

图 7.38 设置冲突区

⑤ 仿真查看，如图 7.39 所示。

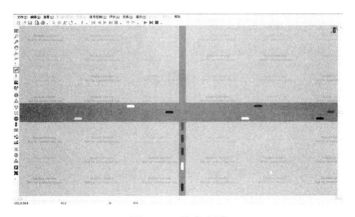

图 7.39 仿真查看

实验 3　平面交叉口管理实验

实验目的与要求

本实验为演示性实验项目。通过现场讲解或仿真软件演示使学生观测交通标志在平面交叉口管理中的作用、交通渠化在平面交叉口管理中的作用与优先交通管理及其效果。

实验仪器、设备和材料

卷尺、记录板、相机、纸笔等。

实验内容和要求

(1) 确定实验地点(可以在实验室或者野外现场)。
(2) 演示交通标志对平面交叉口管理的作用。
(3) 演示交通渠化对平面交叉口管理的作用。
(4) 演示优先交通管理及其效果。

实验方法与步骤

(1) 交叉口几何结构图,如图 7.40 所示。

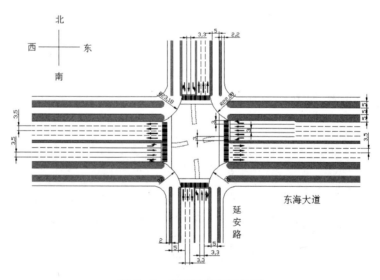

图 7.40　交叉口几何结构图

(2) 交叉口早高峰流量统计,如表 7.1 所示。

表 7.1　交叉口早高峰流量统计表

	北进口	南进口	东进口	西进口
左	300	190	172	210
直	635	425	1024	1248
右	172	116	119	232

(3) 交叉口信号相位设置,如图 7.41 所示。

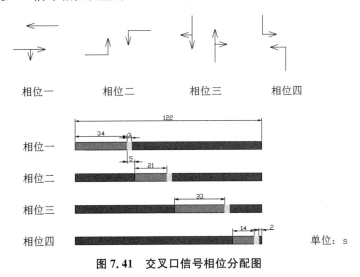

图 7.41　交叉口信号相位分配图

实验 4　平面交叉口不同控制方法比较分析

实验目的与要求

(1) 了解两种不同控制方法的优缺点。
(2) 学会使用 VISSIM 仿真软件进行平面交叉口基本的信号配时。
(3) 把握这两种控制方法各自的适用条件和范围。
(4) 加深理解交通信号控制对改善交叉口交通运行的有效作用。
(5) 掌握 VISSIM 等相关软件的操作使用。
(6) 能够根据定时控制和感应控制的信号配时原理与配时流程进行配时。
(7) 能够进行交通效益指标计算和比较分析。

实验仪器、设备和材料

计算机、VISSIM 软件、Synchro 软件。

实验内容和要求

(1) 对单个交叉口进行定时控制和感应控制信号配时方案设计；
(2) 根据配时方案进行相应的仿真实验，并对两种控制方式进行比较分析。

实验方法与步骤

1. Synchro 仿真优化

(1) 东海大道与延安路交叉口构建及几何信息录入，如图 7.42 所示。

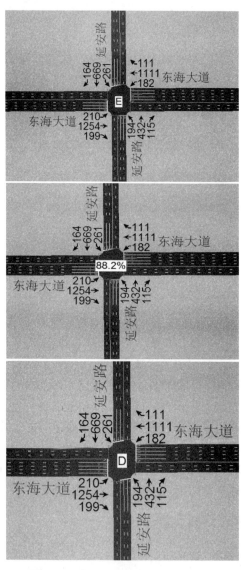

图 7.42　交叉口构建及几何信息录入

(2) 交叉口信号优化设计，如图 7.43 所示。

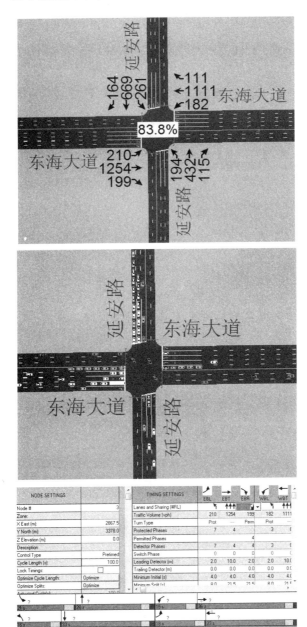

图 7.43　交叉口信号优化设计

结论：优化方案不变，周期由 122 秒改为 100 秒，东海大道的西进口增加右转拓宽车道，其中 D、E 为服务等级，88.2% 和 83.8% 分别为优化前后道路通行能力利用率。

2. VISSIM 仿真优化

首先打开文件录入底图，如图 7.44 所示。

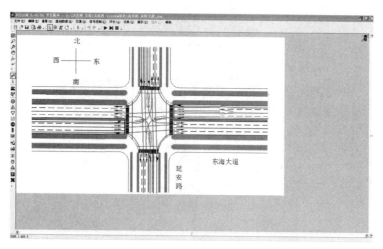

图 7.44　录入底图

按照交叉口调查得到的信号配时修改东海大道与延安路的信号参数，如图 7.45 所示。

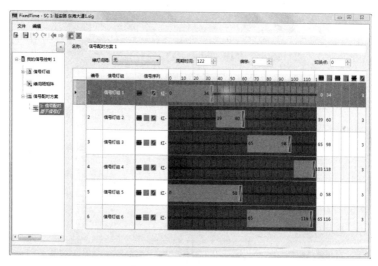

图 7.45　修改信号参数

创建评价指标，通过仿真运行即可得到现状东海大道与延安路交叉口的延误指标结果，如图 7.46 所示。

重复上述操作，根据优化方案中信号配时修改信号参数，如图 7.47 所示。

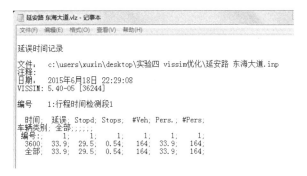

图 7.46　延误指标结果

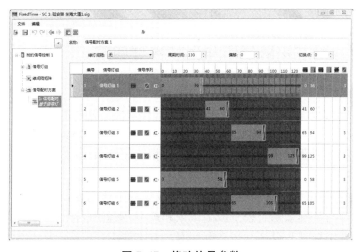

图 7.47　修改信号参数

通过仿真运行,可以输出优化后的延误结果,如图 7.48 所示。

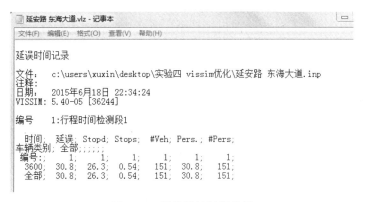

图 7.48　优化后的延误结果

结论:优化信号配时延长,(周期由 122 秒改为 130 秒),道路的行程时间和延误有所降低。

第8章 物流系统分析与设计

8.1 物流系统分析与设计课程概述

8.1.1 物流系统分析与设计课程简介

物流系统分析与设计是交通运输专业课程,是交通运输专业学生学习物流理论基础的最重要课程之一,是后续多门专业课(如运输物流、集装箱运输与多式联运、物流企业管理)的理论基础。物流系统分析与设计是以现代物流分析技术和规划方法对企业物流营运系统、作业设施系统、物流信息系统进行资源整合和优化布局的一门应用性学科。通过该课程的学习,使学生了解物流系统规划基本理论与基本方法,理解和掌握有关物流系统规划与设计的主要内容,对物流系统规划与设计的基本原理与基础知识有较全面的认识和理解,掌握其在物流实践中的运用,具备解决物流系统规划与设计领域实际问题的基本能力。

8.1.2 物流系统分析与设计实验课程概述

物流系统分析与设计实验课程的目的是加深学生对理论教学内容的理解和掌握,使学生掌握物流系统规划设计的分析方法和模型,培养学生的实验技能和科学研究能力,引导学生利用相应技术与设备、实验方法等理论知识分析和设计操作方案并独立完成实验,使学生掌握先进技术手段在实验教学中的应用,进而全面提高学生的创新能力和综合素质。本实验课的主要内容是时间序列预测方法的原理和工作步骤,Excel 建模求解,运用 Excel 软件来进行 0-1 规划求解,运输问题及其变形的规划求解方法,FlexSim 建模步骤,逻辑系统的建模方法,学习查看 FlexSim 的仿真结果。通过建立一个传送带系统,学习 FlexSim 软件的基本功能,熟悉配送中心的作业和物流特点,通过 FlexSim 仿真软件设计配送中心系统。

8.2 典型实验项目

实验1 时间序列预测方法

实验目的

(1) 通过本实验使学生掌握时间序列预测方法的原理和工作步骤；

(2) 使学生掌握用 Excel 软件进行时间序列预测的一般步骤；

(3) 通过本实验提高学生运用现代工具解决物流管理中遇到的实际问题的能力。

实验内容(或实验原理)

案例:已知某种物资 2003~2008 年的需求量分别为 139、142、155、148、160 和 166,请分别使用算术平均法、移动平均法、加权平均法、指数平滑法和长期趋势法预测该物资的 2009 年的需求量。

【实验相关知识】

(1) AVERAGE 函数

AVERAGE 函数用于计算所有参数的算术平均值,其语法规则为:AVERAGE(number1, number2, …),式中 number1, number2, … 是要计算平均值的参数。

(2) 加载"分析工具库"模块。

实验设备及仪器

局域网环境·电脑,Office 软件。

实验步骤

1. 录入数据

将案例中的数据录入到 Excel 电子表格的 A1:C8 区域,如图 8.1 所示。

2. 算术平均法

在 D1 单元格输入"算术平均法预测需求",在 D8 单元格输入公式"=AVERAGE(C2:C7),按回车键即可得到算术平均法的预测结果。

	A	B	C
1	序号	年份	物流量
2	1	2003	139
3	2	2004	142
4	3	2005	155
5	4	2006	148
6	5	2007	160
7	6	2008	166
8	7	2009	

图 8.1　录入数据

3. 移动平均法

以最近两期的物流需求数据作为预测依据。在 E1 单元格输入"移动平均法预测需求",在 E4 单元格输入公式"＝AVERAGE(C2：C3)",按回车键即可得到 2005 年的需求预测值。左键按住 E4 单元格右下方的填充柄,向下拉动到 E8 单元格,即可得到 2006～2009 年的需求预测值。

4. 加权移动平均法

按公式 $\hat{x}_{t+1}=0.6 x_t + 0.4 x_{t-1}$ 进行预测。在 F1 单元格输入"加权移动平均法预测需求",在 F4 单元格输入公式"＝0.4*C2＋0.6*0.3",按回车键即可得到 2005 年的需求预测值。左键按住 F4 单元格右下方的填充柄,向下拉动到 F8 单元格,即可得到 2006～2009 年的需求预测值。

5. 指数平滑法

(1) 取 a 等于 0.3 进行预测。

(2) 在 G1 单元格输入"指数平滑法预测需求",在 G2 单元格输入"139",在 G3 单元格输入公式"＝0.3*C2＋(1－0.3)*G2",按回车键即可得到 2004 年的需求预测值。左键按住 G3 单元格右下方的填充柄,向下拉动到 G8 单元格,即可得到 2005～2009 年的需求预测值。

6. 长期趋势法

(1) 左键单击菜单栏中的"工具",在展开的下拉菜单单击"数据分析"打开"数据分析"对话框,如图 8.2 所示,选中"回归"后点击"确定"按钮,打开"回归"对话框,如图 8.3 所示。

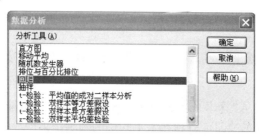

图 8.2　"数据分析"对话框

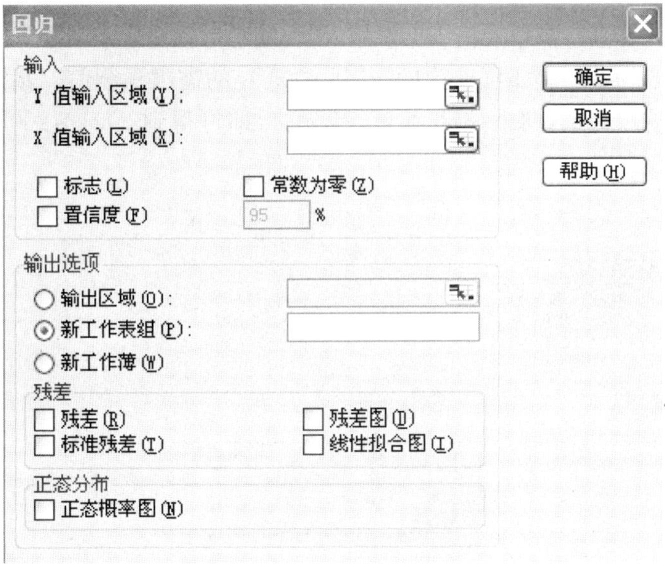

图 8.3 "回归"对话框

(2) 单击"Y 值输入区域(Y)"对应的参数框右侧的折叠对话框区域按钮,选择区域 C2:C7。单击"X 值输入区域(X)"对应的参数框右侧的折叠对话框区域按钮,选择区域 B2:B7。单击"输出区域(O)"对应的参数框右侧的折叠对话框按钮,选择 H10 单元格,如图 8.4 所示。

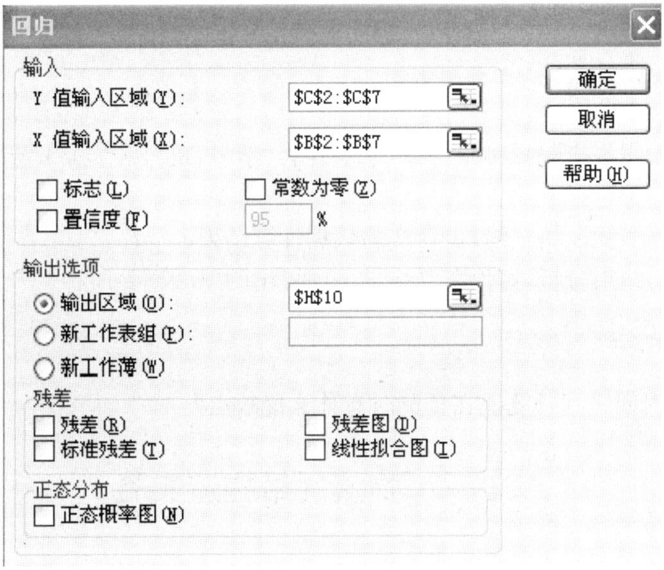

图 8.4 设置参数

(3) 单击"确定"按钮,回归分析的结果如图8.5所示,其中-10276.9和5.2分别是 α 和 β 的值。在单元格H1中输入"长期趋势预测需求",在单元格H2中输入"=I26+I27*B2",按回车键即可得到2003年的需求预测值。左键按住H2单元格右下方的填充柄,向下拉动到H8单元格,即可得到2004~2009年的需求预测值。

SUMMARY OUTPUT

回归统计	
Multiple R	0.92476
R Square	0.855181
Adjusted R Square	0.818976
标准误差	4.475861
观测值	6

方差分析

	df	SS	MS	F	Significance F
回归分析	1	473.2	473.2	23.62063	0.008279
残差	4	80.13333	20.03333		
总计	5	553.3333			

	Coefficients	标准误差	t Stat	P-value	Lower 95%	Upper 95%	下限 95.0%	上限 95.0%
Intercept	-10276.9	2145.756	-4.78942	0.008715	-16234.5	-4319.36	-16234.5	-4319.36
X Variable 1	5.2	1.069935	4.860106	0.008279	2.229383	8.170617	2.229383	8.170617

图8.5 回归分析结果

7. 实验结果

(1) 记录每种预测方法的预测结果。
(2) 对比各种预测方法在预测精度上的差异。

实验报告要求

(1) 实验报告应包括实验名称,学生姓名、学号、班号和实验日期,实验目的和要求。
(2) 做好实验原始记录,保存实验数据计算结果。
(3) 实验结果分析,讨论实验指导书中提出的思考题并回答。

思考题

常见的时间序列预测法在预测时有什么优缺点?

实验2 物流网络构造实验

实验目的

训练学生针对物流网络构造问题的数学建模能力,使学生学会运用数学软件

Lingo 建模,并熟悉 Lingo 优化软件的应用。

实验原理

物流网络构造是物流系统规划管理中的重要问题,混合整数规划方法是解决物流网络构造问题的主要方法,而 Lingo 优化软件是求解规划问题的重要工具。

实验设备及仪器

局域网环境,电脑,Lingo 软件。

实验步骤

针对物流网络构造问题进行数学建模,编写相应的 Lingo 优化程序,在 Lingo 环境下运行调试,对实验结果进行分析。案例数据如表 8.1 所示。

表 8.1 案例数据

	New York	Atlanta	Chicago	San Diego
Annual fixed cost of 200000-unit plant	$ 6 million Y11	$ 5.5 million Y21	$ 5.6million Y31	$ 6.1 million Y41
Annual fixed cost of 400000-unit plant	$ 10 million Y12	$ 9.2million Y22	$ 9.3 million Y32	$ 10.2 million Y42
East	$ 211 x11	$ 232 x21	$ 238 x31	$ 299 x41
South	$ 232 x12	$ 212 x22	$ 230 x32	$ 280 x42
Midwest	$ 240 x13	$ 230 x23	$ 215 x33	$ 270 x43
West	$ 300 x14	$ 280 x24	$ 270 x34	$ 225 x44

初步建模:

min=211 * x11+232 * x12+240 * x13+300 * x14+232 * x21+212 * x22+230 * x23+280 * x24+238 * x31+230 * x32+215 * x33+270 * x34+299 * x41+280 * x42+270 * x43+225 * x44+6000000 * y11+10000000 * y12+5500000 * y21+9200000 * y22+5600000 * y31+9300000 * y32+6100000 * y41+10200000 * y42;

x11+x21+x31+x41>=100000;
x12+x22+x32+x42>=180000;

x13＋x23＋x33＋x43＞＝120000；
x14＋x24＋x34＋x44＞＝110000；
x11＋x12＋x13＋x14＜＝200000＊y11＋400000＊y12；
x21＋x22＋x23＋x24＜＝200000＊y21＋400000＊y22；
x31＋x32＋x33＋x34＜＝200000＊y31＋400000＊y32；
x41＋x42＋x43＋x44＜＝200000＊y41＋400000＊y42；
@bin(y11)；@bin(y21)；@bin(y31)；@bin(y41)；
@bin(y12)；@bin(y22)；@bin(y32)；@bin(y42)；
y11＋y12＜＝1；
y21＋y22＜＝1；
y31＋y32＜＝1；
y41＋y42＜＝1；
记录运行结果。

实验报告要求

（1）实验报告应包括实验名称、学生姓名、学号、班号和实验日期，实验目的和要求。

（2）做好实验原始记录，保存实验数据计算结果。

（3）实验结果分析，讨论实验指导书中提出的思考题并回答。

思考题

（1）若对物流网络结构做局部修改，对物流成本和服务水平会有什么影响？

（2）若规定必须在 New York 建厂，则需在 Lingo 中添加条件 y11＋y12＝1；运行结果是多少？

实验 3　物流配送线路优化设计方案

实验目的

通过本实验的学习，使学生掌握具体配送线路优化的方法，培养学生运用物流线路优化的基本技能，为学生学习后续课程奠定基础。

实验原理

多回路运输问题（Vehicle Routing, Problem, VRP）是现实中存在的一种配送问题，启发式算法是解决 VRP 问题的主要方法，节约法也是求解 VRP 问题的有效方法。节约法的核心是依次将运输问题中的 2 个回路合并为 1 个回路，每次合并使总运输距离减小的幅度最大,直到达到一辆车的装载限制时,再进行下一辆车的优化。

实验设备及仪器

局域网环境,电脑,Office 软件。

实验步骤

方案设计背景:迅达物流配送中心 P_0 向 5 个连锁用户 $P_j(j=1,2,3,4,5)$ 配送货物,其配送路线网络、配送中心与用户的距离以及用户之间的距离如图 8.6 所示,图中括号内的数字表示客户的需求量(单位:t),线路上的数字表示两结点之间的距离,配送中心有 3 台 2t 卡车和 2 台 4t 卡车可供使用。

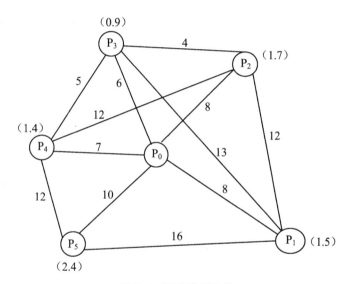

图 8.6 配送路线网络

要求:利用节约里程法制定最优的配送方案;设卡车行驶的速度平均为40 km/h,试比较优化后的方案比单独向各用户配送可节约多少时间。

(1) 做出运输里程表,列出配送中心到用户及用户间的最短距离。

(2) 由运输里程表,按节约法公式求得节约里程数。

(3) 将节约里程 S_{ij} 进行分类,按从大到小顺序排列。

(4) 确定单独送货的配送线路。

(5) 根据载重量约束与节约里程大小,将各客户结点连接起来,形成最终的配送方案。

(6) 与初始单独送货方案相比,计算总节约里程与节约时间。

实验报告要求

(1) 整理完成的相关材料文件。
(2) 实验报告应包括实验名称、学生姓名、学号、班号和实验日期,实验目的和要求。
(3) 做好实验原始记录,实验数据计算结果。
(4) 实验结果分析,讨论实验指导书中提出的思考题并回答。

思考问题

节约法能不能用软件求解?如果可以的话,列举出可以求解的软件。

实验4　FlexSim仿真软件操作及配货系统仿真

实验目的

(1) 熟悉FlexSim安装和启动、熟悉FlexSim软件的用户界面、熟悉FlexSim软件的建模元素、熟悉FlexSim软件的建模和仿真过程。
(2) 掌握FlexSim软件的基本功能。
(3) 熟悉配货系统的作业和物流特点。
(4) 研究配货系统的配货流程及影响配货时间的因素。

实验内容(或实验原理)

一个小型的发货商有10种产品运送给5个客户,每个客户有着不同的订单,发货商的10种产品都有很大的供货量,当有订单来时即可发货。产品通过托盘输送出去,平均每小时产生10个订单,到达间隔时间服从指数分布,产品拣选时间服从指数分布,根据订单确定每种产品的需求数量,产品包装时间为10秒。概念模型,如图8.7所示。

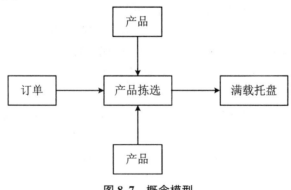

图8.7　概念模型

通过此模型,了解 FlexSim 运行的基本环境;熟悉 FlexSim 的基本的界面、工具、菜单和功能;通过 FlexSim 仿真模拟软件设计传送带作业流程进行配货。

实验设备及仪器

局域网环境,电脑,FlexSim 软件。

实验步骤

1. 建立模型

双击桌面上的 FlexSim 图标打开软件,可以看到 FlexSim 的菜单、工具条、实体库和正投影模型视窗,如图 8.8 所示。

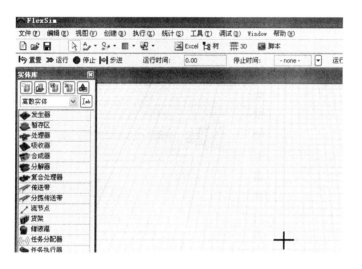

图 8.8　FlexSim 软件界面

(1) 模型实体设计

模型实体设计如表 8.2 所示。

表 8.2　实体与系统元素的对应关系

模型元素	系统元素	备　　注
Textured Colored Box	货物	货物为同一类型,分别由 Source2—Source10 服从指数分配方式发送
Pallet	托盘	不同的包装使用不同的托盘,共 5 种,分别标记为 1,2,3,4,5,由 Source1 分别在不同的时间段放出。这里,我们用一个标有类型值的空托盘表示来自一个顾客的订单

模型元素	系统元素	备注
Combiner	包装机	根据全局表进行包装
Source	原材料库	产生托盘和货物
Conveyor	传送带	运送包装好的货物
Sink	成品库	货物包装后的最终去处

（2）生成实体

从实体库中拖出（按住鼠标左键不放，拖至正投影模型视窗即可）11 个 Source（每个 Source 代表一类货物）实体，Combiner 实体、Conveyor 实体、Sink 实体各 1 个，把各实体按照概念模型中的位置摆好，如图 8.9 所示。

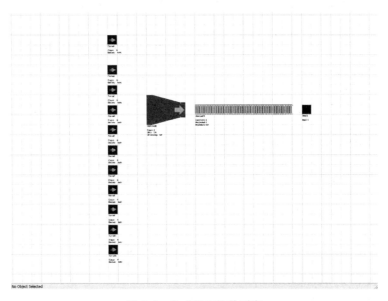

图 8.9　生成所需实体对象

（3）连接端口

连接端口时，根据流程图，只需将 Source 与 Combiner，Combiner 与 Conveyor，Conveyor 与 Sink 之间使用 A 连接（按下 A 键不放，鼠标左键点击输入实体不放，拖至输出实体松开鼠标左键和 A 键即可。若要取消 A 连接，则按下 Q 键不放，鼠标左键点击输入实体不放，拖至输出实体松开鼠标左键和 Q 键即可）进行连接即可，连接时注意输入输出顺序。如图 8.10 所示。

（4）设置连接线

端口连接完成后，为了使视图更加好看，同时也为了利于以后的建模，因此将这些连接线设为不可见。

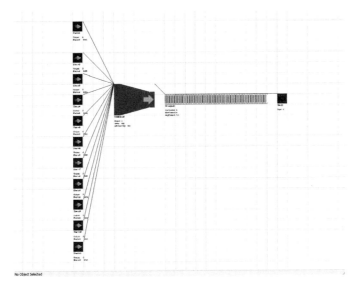

图 8.10　实体的 A 端口连接

如图 8.11 所示,单击"Show Connections"选项前的方框,除去其前的"√",可以看到模型视窗中的连接线都不见了。为了使界面更加清晰简洁,再去掉"Show Names"选项前面的"√",使得模型中各实体的名称属性等标签不显示,如图 8.12 所示。

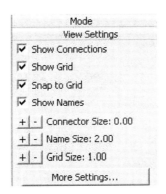

图 8.11　View settings

(5) 定义 Source

在模型中,共有 11 个 Source 实体,第一个 Source 定义为产生托盘,其余 10 个 Source 产生待包装的 10 种货物。

托盘的到达时间是固定的,每 3600 个单位时间产生 10 个托盘。双击对应于托盘 Source1 实体,打开其参数视窗,改变其到达方式的默认选项,选择"到达时间表",并在临时实体种类选项的下拉列表中选择"Pallet",将到达次数数值改为 5,点击刷新到达按钮刷新列表,修改列表中的数值,如图 8.13 所示。

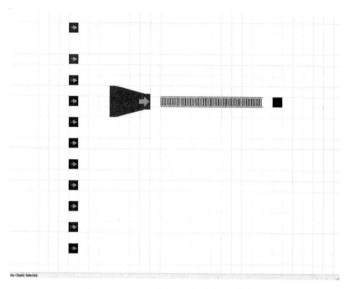

图 8.12 隐藏实体的名称属性等标签

图 8.13 定义 Source 的 Arrival Schedule 到达时间表

(6) 定义全局表

下面定义一个全局表。首先,点击工具栏中的"ToolBox"按钮,打开"Global Modeling Tools"视图,在"Global Tables"一项中点击"Add"按钮,系统添加了一个名为"GlobalTable1"的全局表,如图 8.14 所示。

图 8.14 名为"Global Table1"的全局表

"Global Table1"就是要编辑的全局表,在编辑的过程中,可以随时点击"Apply"按钮来保存编辑结果,防止发生意外而进行重复劳动。编辑完成后,点击"OK"按钮保存并关闭视图。

(7) 定义 Combiner

下面来设置 Combiner 合成器实体,双击 Combiner 实体,打开它的参数视图,然后点击"触发器"项,在"重置触发"中添加写入之前做的全局表(GlobalTable1),如图 8.15 所示,点击"加工时间"项,将预置时间设为无预置时间,加工时间设置为10,如图 8.16 所示。

2. 模型运行

(1) 设置 Experimenter

模型的运行共分 4 个阶段,每个阶段为 3600 个单位时间,连续进行,共记14400 单位时间。模型的运行总时间长度在"Experimenter"中设置。单击界面右下方的 Experimenter 按钮,打开"Experimenter"窗口,将"Simulation End Time"改为"14400"。这里只运行一次仿真,因此将仿真次数改为 1。

(2) 重置、运行模型

单击 Reset 按钮,重置模型。最后单击 Run 按钮,开始仿真。

图 8.15 合成器的触发器重置触发写入全局表

图 8.16 "加工时间"设置

在不同的阶段,托盘包装的货物个数是不同的,Combiner 根据全局表来设定托盘包装的货物的个数,从不同的 Source 中获取不同数量的货物,如图 8.17 所示。

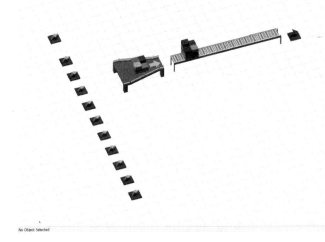

图 8.17　模型的运行

当仿真运行到 14400 单位时间的时候,自动停止。

3. 数据运行

在操作区中选中 Combiner 实体,被选中的实体显示出红色边框。

点击软件菜单栏中的 Stats 统计,在弹出的下拉菜单中选中"Stats Collecting",在右侧弹出的选项中点击"Selected Objects On",打开所选中实体的数据收集开关。

右键点击 Combiner,选择"Properties"打开属性页。点击选择"Statistics"项目,查看该包装机相关数据,与订单信息进行比较。

实验报告要求

(1) 实验报告应包括实验名称、学生姓名、学号、班号和实验日期,实验目的和要求。
(2) 做好实验原始记录,保存实验数据计算结果。
(3) 实验结果分析,讨论实验指导书中提出的思考题并回答。

思考问题

除了 FlexSim 仿真软件还有哪些软件可以做物流仿真?(至少列举 4 种)

作业:给定一个仿真模型的案例,学习建立一个自动分拣仓库模型。模型截图最后贴到实验报告上,如图 8.18 所示,导出汇总报告。

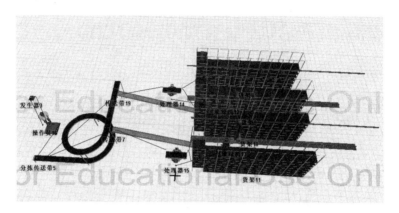

图 8.18 模型截图范例

实体:发生器 1 个,暂存区 1 个,分拣传送带 1 个(有 4 段,需要自己在布局属性中增加),传送带 2 个,货架 4 个,堆垛机 2 个,操作员 1 个,处理器 1 个,共 13 个实体。

连接:操作员和发生器是 S 连接,堆垛机与传送带是 S 连接,其他都是 A 连接。

模型运行时间:8 小时。

分拣传送带发送条件:按临时实体类型。

设置代码如下:

```
treenode current = ownerobject(c);
treenode item = parnode(1);
int port = parval(2);
/**按临时实体类型:*/
/**如果临时实体类型与端口匹配则发送临时实体.*/
return getitemtype(item) == port;
```

注意标点符号是英文输入法。

实验 5　配送中心系统仿真

实验目的

(1) 掌握 FlexSim 仿真软件的基本功能。
(2) 熟悉配送中心的作业及物流特点。
(3) 研究配送中心的即时库存成本和利润,并加以改善。

实验内容(或实验原理)

配送中心是从事货物配送以实现销售和供应服务的现代流通设施。它不同于传统的仓储设施,在现代商业社会中,配送中心已经成为连锁企业的商流中心、物流中心、信息流中心,是连锁经营得以正常运转的关键设施。

本实验是一个典型的配送中心建模过程,该配送中心从 3 个供应商进货,向 3 个生产商发货。

(1) 系统数据如下:

供货商(3 个):当 3 个供应商各自供应的产品在配送中心的库存小于 10 件时开始生产,库存大于 20 件时停止生产。供应商一和供应商二分别以 4 小时 1 件的效率向配送中心送产品,供应商提供 1 件产品的时间服从 3~6 小时的均匀分布。

配送中心发货:当 3 个生产商各自的库存大于 10 件时停止发货。当生产商一的库存量小于 2 件时,向该生产商发货;当生产商二的库存量小于 3 件时,向该生产商发货;当生产商三的库存量小于 4 件时,向该生产商发货。

配送中心成本和收入:进货成本为 3 元/件,供货价格为 5 元/件,每件产品在配送中心存货 100 小时的费用为 1 元。

生产商(3 个):3 个生产商均连续生产。生产商一每生产 1 件产品需要 6 小时;生产商二每生产 1 件产品的时间服从 3~9 小时的均匀分布;生产商三每生产 1 件产品的时间服从 2~8 小时的均匀分布。

(2) 概念模型如图 8.19 所示。

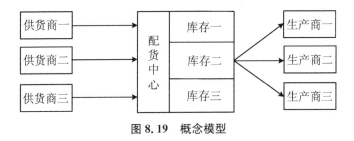

图 8.19 概念模型

实验设备及仪器

局域网环境,电脑,FlexSim 软件。

实验步骤

1. 建立模型

(1) 模型实体设计

模型实体按表 8.3 所示进行设计。

表 8.3　模型实体设计

模型元素	系统元素	备注
临时实体	产品	不同类型实体代表不同类型的产品,分别标为 1、2、3
发生器	发生产品	3 个发生器发生产品的速度相同且快于供货商供应速度
模型前面的三个处理器（按模型流程）	供货商	3 个处理器加工速率不同,根据模型的系统数据进行设定
货架	配送中心	3 个货架分别对应 3 个供货商
暂存区	生产商仓库	3 个暂存区订货条件不同,根据模型的系统数据进行设定
模型后面的三个处理器（按模型流程）	生产商	3 个处理器加工速率不同,根据模型的系统数据进行设定
吸收器	产品收集装置	产品的最终去处

（2）在模型中加入实体

从模型中拖入 3 个发生器、6 个处理器、3 个货架、3 个暂存区和 1 个吸收器到操作区中。

（3）连接端口

对模型做如下的连接：每个发生器分别连到各自的处理器,再连到各自的货架,每个货架都要与后面的每一个暂存区连接（配送中心送出产品对三家生产商是均等的）,每一个暂存区再连接到各自的处理器,最后三个处理器都连到吸收器,如图 8.20 所示。

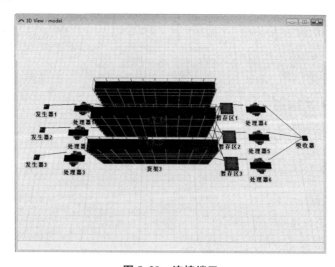

图 8.20　连接端口

(4) 发生器参数设置

到达时间间隔设置为 1,如图 8.21 所示,另外两个发生器做同样设置。

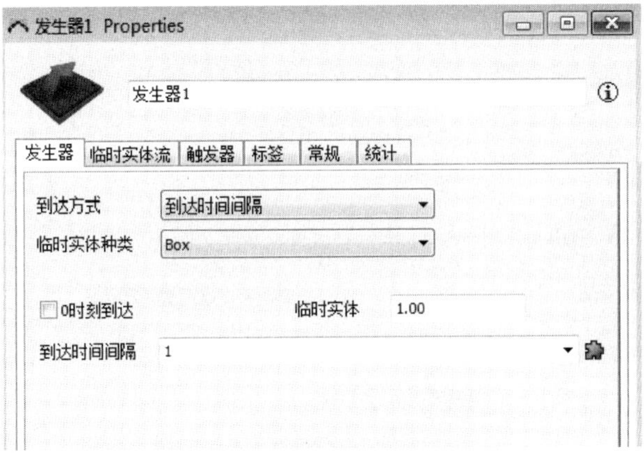

图 8.21　到达时间间隔设置

货物(临时实体)颜色设置:发生器触发器选项卡＞创建触发＞设置颜色＞选择红色,如图 8.22 所示,用同样的方法将另外两个处理器分别设置颜色绿色(colorgreen)和蓝色(colorblue)。

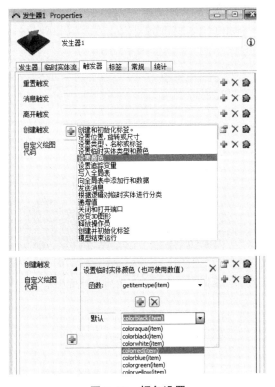

图 8.22　颜色设置

(5) 处理器(供应商)参数设置

供应商一和供应商二的处理时间都为 4,因此设置处理器 1 和处理器 2 的加工时间为 4,如图 8.23 所示。

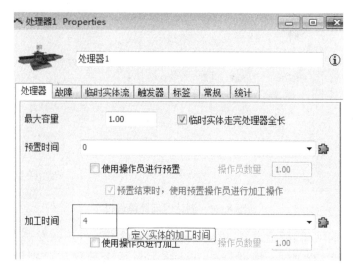

图 8.23 供应商一、二的加工时间设置

供应商三的处理时间遵循均匀分布 uniform(2,6,1),设置方法如下:处理器＞加工时间＞统计分布＞uniform,修改最小值、最大值和随机数流分别为 2、6、1,如图 8.24 所示。

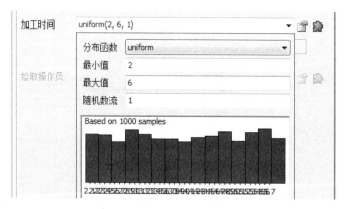

图 8.24 供应商三的加工时间设置

(6) 货架参数设置

当 3 个供应商各自供应的产品在配送中心的库存小于 10 件时开始生产,库存大于 20 件时停止生产,因此设置货架容量小于 10 时打开端口吸收上游货物,当容量大于 20 时关闭输入端口,使上游停止生产。设置方法如下:

货架>触发>进入触发,点击 按钮出现图 8.25 所示界面,再点击左下角 按钮,进入图 8.26 所示代码编辑界面,写入以下代码(注意符号不要错,英文状态下分号):

if(content(current)>=20)
　closeinput(current);

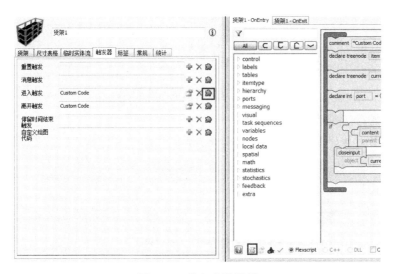

图 8.25　货架参数设置

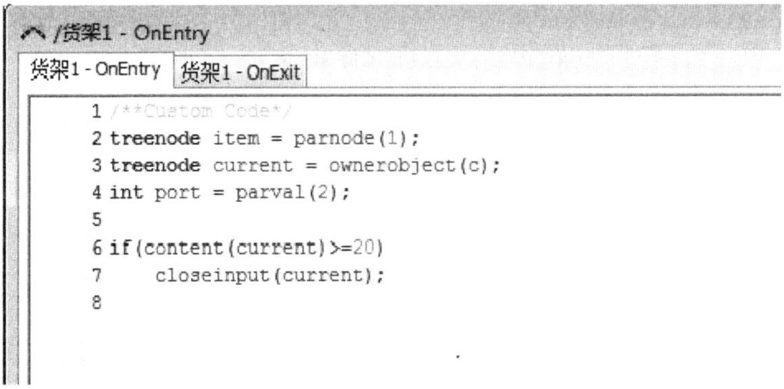

图 8.26　代码编辑界面

用同样的方法进入到货架 1 的离开触发中写入如下代码,如图 8.27 所示。
if(content(current)<=10)
　openinput(current);
再用同样的方法设置货架 2 和货架 3 的进入触发和离开触发。

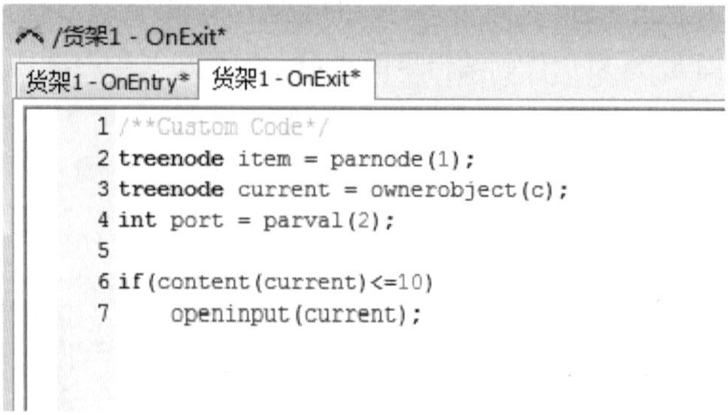

图 8.27　货架 1 的进入触发代码

(7) 暂存区参数设置

修改暂存区的最大容量为 15，如图 8.28 所示。

图 8.28　修改暂存区容量

当 3 个生产商各自的库存大于 10 件时停止发货。当生产商一的库存量小于 2 件时，向该生产商发货；当生产商二的库存量小于 3 件时，向该生产商发货；当生产商三的库存量小于 4 件时，向该生产商发货。因此设置 3 个暂存区容量大于 10 的时候关闭输入端口，3 个暂存区容量分别小于 2、3、4 的时候，打开输入端口。

用设置货架进入和离开触发的方法设置暂存区 1 的进入触发和离开触发，如图 8.29、图 8.30 所示。

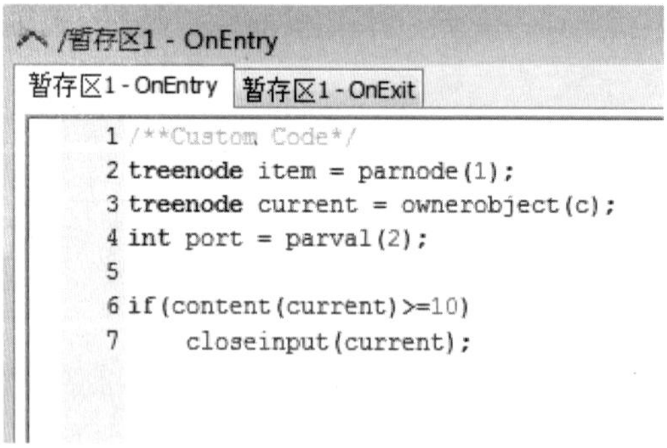

图 8.29　暂存区 1 的进入触发

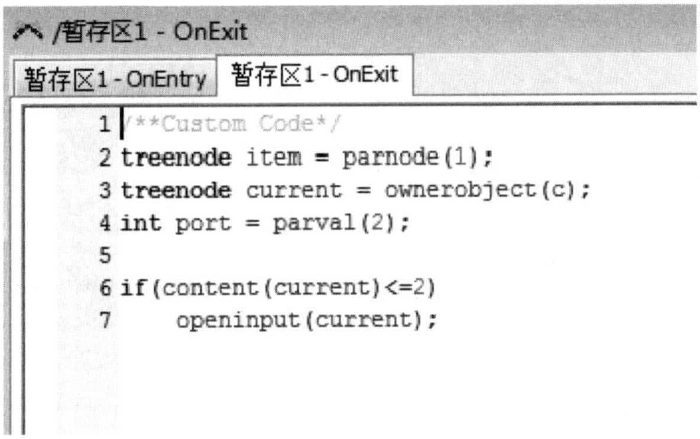

```
/暂存区1 - OnExit
暂存区1-OnEntry  暂存区1-OnExit
1 /**Custom Code*/
2 treenode item = parnode(1);
3 treenode current = ownerobject(c);
4 int port = parval(2);
5
6 if(content(current)<=2)
7     openinput(current);
```

图 8.30　暂存区 1 的离开触发

把暂存区 2 和暂存区 3 的离开触发分别改为 3 和 4,如图 8.31、图 8.32 所示。

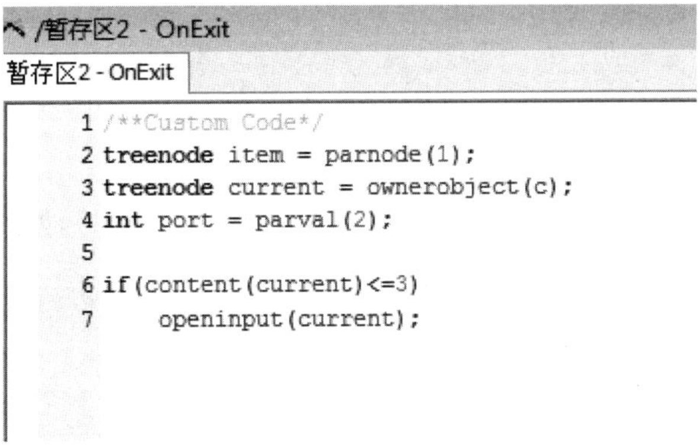

```
/暂存区2 - OnExit
暂存区2-OnExit
1 /**Custom Code*/
2 treenode item = parnode(1);
3 treenode current = ownerobject(c);
4 int port = parval(2);
5
6 if(content(current)<=3)
7     openinput(current);
```

图 8.31　暂存区 2 的离开触发

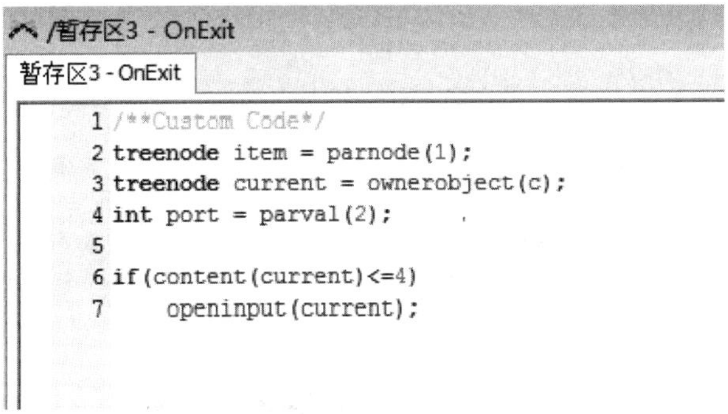

```
/暂存区3 - OnExit
暂存区3-OnExit
1 /**Custom Code*/
2 treenode item = parnode(1);
3 treenode current = ownerobject(c);
4 int port = parval(2);
5
6 if(content(current)<=4)
7     openinput(current);
```

图 8.32　暂存区 3 的离开触发

(8) 处理器(生产商)参数设置

设置处理器 4 的加工时间为 6,如图 8.33 所示。

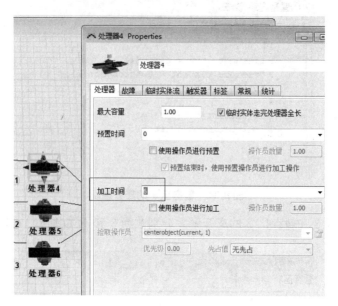

图 8.33　处理器 4 的加工时间设置

设置处理器 5 的加工时间服从均匀分布 uniform(3,9,1),如图 8.34 所示。

图 8.34　处理器 5 的加工时间设置

设置处理器6的加工时间服从均匀分布 uniform(2,8,1),如图8.35所示。

图 8.35　处理器 6 的加工时间设置

2. 模型运行

(1) 保存

单击菜单栏的 ■ 按钮,保存模型。

(2) 重置模型

单击主视窗左下角的 Reset 按钮,重置模型。

(3) 运行模型

单击主视窗底部的 Run 按钮,运行模型。停止运行可单击 Stop 按钮,要加快或减慢模型运行速度,可左右移动视窗底部的仿真速度滑动条,如图8.36所示。

图 8.36　模型运行截图

3. 数据分析

单击软件窗口右下角的按钮(实验控制器),在打开的窗口中做如下的设置:
将"Simulation End Time"值设为"8760.00"(在该实验中,1个单位时间代表1个小时,要对模型运行一年的数据进行收集,即让模型运行 24(小时/天)×365(天)=8760 小时);将"Number of Scenarios"值设为"1";将"Replications per Scenario"值

设为"1";

数据收集分析。在操作区中,按住键盘的 Ctrl 键,用鼠标左键分别单击选择三个 Rack,被选中的实体显示出红色边框。

单击软件菜单栏中的 Stats,在弹出的下拉菜单中选中"Stats Collecting",在右侧弹出的选项中单击选择"Selected Objects On"。

右键单击一个 Rack,选择"Properties"打开属性页,单击选择"Statistics"项目,如图 8.37 所示。

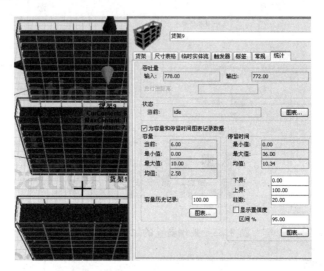

图 8.37 Rack 属性页中的 Statistics

在所显示的数据中,对分析有帮助的数据如下(每次运行模型所收集的数据会不相同,这里仅对这一次模型运行的数据结果进行分析):

Content 下的 Average(该 Rack 每小时的平均库存),即 32.78;

Throughput 下的 Input(该 Rack 在运行时间内的总输入),即 1640;

Throughput 下的 Output(该 Rack 在运行时间内的总输出),即 1637。

实验报告要求

(1) 实验报告应包括实验名称、学生姓名、学号、班号和实验日期,实验目的和要求。

(2) 做好实验原始记录,保存实验数据计算结果。

(3) 实验结果分析,讨论实验指导书中提出的思考题并回答。

思考问题

本实验主要研究配送中心的物流系统建模,如何通过 FlexSim 模型优化提高配送中心效率节约成本?

第9章 运输物流

9.1 运输物流课程概述

9.1.1 运输物流课程简介

运输物流课程是交通运输专业运输物流方向的一门重要专业限选课,课程系统介绍运输物流的概念、理论和方法以及运输物流系统构建、运输物流服务设计、运输线路选择和行程安排等内容。在企业物流管理的整个过程中,运输物流的成功与否决定了企业能否降低物流系统总成本、提高物流效率、满足客户要求和提高企业竞争力。本课程的教学任务是让学生理解现代物流运输的基本理论,掌握运输物流方案设计的基本方法。本课程的教学结合企业运输物流管理实例展开。

9.1.2 运输物流实验课程概述

运输物流是一门实践性要求很强的课程,只有结合实验教学加强学生对课堂所授内容的理解,才能取得比较好的教学效果。因此本门课程的教学既需要深入浅出地将物流运输的基本理论阐述清楚,又需要相关的案例和实验操作来支撑理论。运输物流实验课程通过对相关案例进行分析,对企业物流运输现状进行认知调查,让学生了解企业运输物流作业流程、企业运输网络设计、运输车辆调度、运输货物配载、运输物流管理等环节的现状及存在的问题,提高学生解决问题的能力。

9.2 典型实验项目

实验 1 企业供应链管理案例分析与方案设计

实验目的和要求

(1) 实验目的

本实验为综合性实验,以企业实施供应链管理的实践来说明供应链管理系统的内容,旨在让学生了解供应链管理的基本模块和基本功能,加深学生对理论内容的理解,让学生通过实训练习了解供应链管理的重要性,学会如何从供应链的角度做出决策。

(2) 实验要求

本实验要求学生根据案例资料收集相关行业、相关企业的经营信息,并对企业如何实施供应链管理提出自己的看法。

实验条件

计算机(基本配置:2GB 硬盘,15 英寸液晶显示器,P4 3.0GHz CPU,Windows XP 操作系统),Office 软件,宽带上网,多媒体教学设备。

实验背景资料

训练 1:考察从超市购买一件普通日用品的情形,描述这个供应链的不同阶段及其涉及的供应链流。

要求:(1) 画出供应链结构图。

(2) 描述这一供应链上的物流、资金流和信息流是怎样发生的。

训练 2:风神汽车有限公司的供应链管理

一、引言

今天的汽车制造业正面临着前所未有的市场竞争。

一方面,国内汽车市场的消费需求日趋个性化,且消费者要求能在任何时候、任何地点,以最低的价格及最快的速度获得所需要的产品,从而使市场需求的不确定性大大增加。在捉摸不定的市场竞争环境中,有的企业能够长盛不衰,有的只能成功一时,还有的企业连一点成功的机会都没有。另一方面,中国加入世界贸易组织(WTO)后,中国整个汽车工业受到国外汽车制造商的冲击和挤压,而且随着市场经济的发展,中国企业原有的经营管理方式已不适应剧烈竞争的环境。在这种内外交困的环境下，企业要想生存和发展下去，必须寻求新的出路。

经济全球化、制造全球化、合作伙伴关系、信息技术进步以及管理思想的创新，使得竞争的方式也发生了不同寻常的转变。现在的竞争主体，已经从以往的企业与企业之间的竞争转向供应链与供应链之间的竞争。因而，在越来越激烈的竞争环境下，供应链管理(Supply Chain Management，简称 SCM)成为一种新的管理理念和管理模式，在企业管理中得到普遍应用。风神汽车有限公司就是其中一个典型范例。

风神汽车有限公司是由东风汽车公司、台湾裕隆汽车制造股份有限公司(裕隆集团为台湾省内第一大汽车制造厂，其市场占有率高达 51%，年销量 20 万辆)、广州京安云豹汽车有限公司等共同合资组建，由东风汽车公司控股的企业。在竞争日益激烈的大环境下，风神公司采用供应链管理思想和模式及其技术方法，取得了当年组建、当年获利的好成绩。通过供应链系统，风神汽车有限公司建立了自己的竞争优势：通过与花都工厂、襄阳工厂等企业建立战略合作伙伴关系，优化了供应链上成员间的协同运作管理模式，实现了合作伙伴企业之间的信息共享，促进了物流通畅，提高了客户反应速度，创造了竞争中的时间和空间优势；通过设立中间仓库，实现了准时化采购，从而减少了各个环节上的库存量，避免了许多不必要的库存成本；通过在全球范围内优化合作，各个节点企业将资源集中于核心业务，充分发挥其专业优势和核心能力，最大限度地减少了产品开发、生产、分销、服务的时间和空间距离，实现对客户需求的快速有效反应，大幅度缩短订货的提前期；通过战略合作充分发挥供应链上企业的核心竞争力，实现优势互补和资源共享，形成更强的整体核心竞争能力与竞争优势。风神公司目前的管理模式无疑是成功有效的，值得深入研究和学习借鉴。

二、风神公司的供应链系统

供应链是围绕核心企业，通过对信息流、物流、资金流的控制，从采购原材料到制成中间产品以及最终产品，最后由销售网络把产品送到消费者手中的，将供应商、制造商、分销商、零售商、最终用户连成一个整体的功能网链结构。它是一个范围更广的扩展企业结构模式，原材料从供应商开始，经过链中不同企业的制造加工、组装、分销等直到最终用户包含所有加盟的节点企业。它不仅是一条连接供应商到最终用户的物料链、信息链、资金链，而且是一条增值链，物料在供应链上因加工、包装、运输等过程而增值，从而给相关企业带来收益。

在风神供应链中，核心企业风神汽车公司总部设在深圳，生产基地设在湖北的襄樊、广东的花都和惠州。"两地生产、委托加工"的供应链组织结构模式使得公司组织结构既灵活又科学。风神供应链中所有企业被有效地连接起来形成一体化的供应链，并和从原材料到向顾客按时交货的信息流相协调。同时，在所有供应链成员之间建立起了合作伙伴型的业务关系，有利于供应链活动的协调进行。

在风神供应链中，风神汽车公司通过自己所处的核心地位，对整个供应链的运行进行信息流和物流的协调,各节点企业(供应商、中间仓库、工厂、专营店)在需求信息的驱动下,通过供应链的职能分工(供应、库存、生产、分销等),以资金流、物流或/和服务流为媒介,使整个风神供应链不断增值。

为了适应产品生命周期不断缩短、企业之间的合作日益复杂以及顾客的要求越来越挑剔的环境,风神供应链中的供应商、产品(整车)制造商和分销商(专营店)被有机组织起来,形成了供应—生产—销售的供应链。风神的供应商包括多家国内供应商和多家国外供应商(KD件),并且风神在全国各地设有多家专营店。供应商、制造商和分销商在战略、任务、资源和能力方面相互依赖,构成了十分复杂的供应—生产—销售网链。通过分析发现,风神供应链具有如下特征:

第一,风神供应链的结构具有层次性。从组织边界的角度看,虽然每个业务实体都是供应链的成员,但是它们可以通过不同的组织边界体现出来。这些实体在法律上是平等的,在业务关系上是有层次的,这与产品结构的层次是一致的。

第二,风神供应链的结构表现为双向性。在风神供应链上,使用某一共同资源(如原材料、半成品或产品)的实体之间既相互竞争又相互合作,如襄樊厂和花都厂作为汽车制造厂,必然在产量、质量等很多方面存在竞争,但是在整个风神供应链运作中它们又是紧密合作的,花都厂为襄樊厂提供冲压件,在备件、零部件发生短缺时,相互之间会进行协调调拨以保证生产的连续性,从而保证供应链系统的整体最优。

第三,风神供应链的结构呈多级性。随着供应、生产和销售关系的复杂化,风神供应链的成员越来越多。如果把供应链中相邻两个业务实体的关系看作一对供应—购买关系,对于风神供应链这样的网链结构,这种关系应该是多级的,而且同一级涉及多个供应商和购买商。供应链的多级结构增加了供应链管理的难度,同时也为供应链的优化组合提供了条件,可以使风神公司根据市场变化随时在备选伙伴中选择,省去了重新寻找合作伙伴的时间。

第四,风神供应链的结构是动态的。供应链的成员是通过物流和信息流联结起来的,但是它们之间的关系并不是一成不变的。根据风神公司战略转变和适应市场变化的需要,风神供应链中的节点企业需要不断更新。而且,供应链成员之间的关系由于顾客需求的变化也经常做出适应性的调整。

根据风神供应链的这些特征,风神公司找到了管理的重点。例如,风神公司对供应链系统进行层次区分,确定出了主干供应链和分支供应链,在此基础上建立起了最具竞争力的一体化供应链。另外,利用供应链的多级性特征,对供应链进行等级排列,对供应商/分销商做进一步细分,进而制定出具体的供应/营销组合策略。利用供应链结构的动态特点指导风神公司建立供应链适时修正战略,使之不断适应变化的外部环境。世界著名的耐克公司之所以能取得全球化经营的成功,关键在于它分析了公司供应链的多级结构,有效地运用了供应商多级细分策略,这一点在风神公司的供应链上也得到了体现,充分掌握供应链的结构特征对制定恰当的管理策略相当重要。

三、风神供应链的管理策略

风神供应链在结构上具有层次性、双向性、多级性、动态性和跨地域性等特点，在管理上涉及生产设计部门、计划与控制部门、采购与市场营销部门等多个业务实体。面对如此复杂的供应链系统，选择恰当的管理策略是非常重要的。

供应链核心企业的选址战略。风神汽车供应链中的核心企业设在广东的深圳，这是因为深圳有优惠的税收政策和发达的资本市场，并且可为今后的增资扩股、发行企业债券等提供财力支援。此外，在便利的口岸、交通、技术引进及资讯便利等方面，深圳具有无可替代的地理优势，这些都是构成风神供应链核心竞争力的重要要素。而位于湖北的襄樊工厂有资金、管理及技术资源的优势，广东花都厂具有整车组装能力。这样以深圳作为供应链中销售、财务、技术、服务及管理的枢纽，将整车装配等生产过程放在襄樊和花都，又以襄樊和花都为中心联结起众多的上游供应商，从而可以集中公司的核心竞争力完成销售、采购等核心业务，在整个供应链中深圳就像扁担一样扛起了襄樊、花都两大生产基地。

业务外包战略。风神公司"总体规划、分期吸纳、优化组合"的方式很好地体现了供应链管理中的业务外包（Outsourcing）及扩展企业（Extended Corporation）思想。这种方式的优势体现在能充分利用国际大平台的制造能力，根据市场需求的变化选择新的产品，并且可以最大限度降低基建投资及缩短生产准备期，同时还可以共享销售网络和市场，共同摊销研发成本、生产成本和物流成本，从而减少供应链整体运行的总成本，最后确保风神汽车公司生产出最具个性化、最适合中国国情、具有最强的竞争力的中高档轿车。风神公司紧紧抓住"总体规划、分期吸纳、优化组合"的核心业务，而将其他业务（如制造、仓储、物流等）外包出去。

全球性资源优化配置。风神公司的技术引进战略以及KD件的采购战略体现了全球资源优化配置的思想。风神公司大部分的整车设计技术是由日产和台湾裕隆提供的，采购包括KD件的国外进口采购和零部件的国内采购，整车装配是在国内的花都和襄樊两个不同地方进行的，销售也是在国内不同地区的专营店进行的，这就实现了从国内资源整合到全球资源优化配置的供应链管理，大大增强了整个供应链的竞争能力。

供应商管理库存。在风神供应链的运作模式中，值得学习和借鉴的一点就是其供应商管理库存（Vendor Managed Inventory，简称VMI）的思想。关于VMI，国外有学者认为，"VMI是一种用户和供应商之间的合作性策略，以对双方来说都是最低的成本优化产品的可获性，在一个相互同意的目标框架下由供应商管理库存，这样的目标框架被经常性监督和修正以产生一种连续改进的环境"。风神公司的VMI管理策略和模式，打破了传统的各自为政的库存管理模式，体现了供应链的集成化管理和"双赢"思想，能更好地适应市场化的要求。VMI是一种供应链集成化运作的决策代理模式，它把用户的库存决策权让供应商代理，由供应商代理客户行使库存管理的决策权。例如,在风神公司的采购过程中,风神公司每 6 个月与供应商签订一个开口合同或者闭口合同,在每个月初告诉供应商该月的要货计划,供应商根据这个要货计划安排自己的生产,然后将产品运送到风神公司的中间仓库,风神公司的装配厂只需要按照生产计划凭领料单按时到中间仓库提取产品即可,库存的消耗信息由供应商采集并及时作出补充库存的决策,从而实现准时化供货,节约库存成本,为提高整个供应链的竞争力做出了贡献。

战略联盟的合作意识。风神公司通过业务外包的资源整合,实现了强强联合,达到了共赢目的。风神汽车公司不仅获得了投资一年就获利的良好开端,而且也为花都工厂、襄樊工厂以及两地中间仓库和供应商带来了巨大商机,使所有的企业能在风神供应链中得到好的发展。风神供应链中的合作企业都已经认识到,它们已经构成了相互依存的联合体,各方都十分珍惜这种合作伙伴关系。

要求:(1) 风神供应链管理所体现的真正价值是什么?
(2) 风神供应链的伙伴是如何分享它们所需要的各种信息的?

实验步骤

(1) 仔细阅读和分析案例资料。
(2) 上网查找相关产品和企业供应链管理资料和信息。
(3) 将学生分为 8~10 人一组,并展开小组讨论。
(4) 总结分析,形成作业报告,并制作 PPT。
(5) 每小组派一位代表发言。

实验成果及要求

(1) 提交实训报告,要求制作成 PPT。
(2) 小组代表发言,以小组为单位进行考核。

实验 2　企业物流调研

实验目的和要求

(1) 实验目的

本实验为综合性实验,旨在通过实训让学生对物流需求进行分析,了解物流的环节和流程,通过调研与分析,培养学生的实践精神,培养学生发现问题、解决问题的能力,提高学生对理论知识的应用能力。

(2) 实验要求

要求学生掌握物流及物流管理的相关理论知识,选择当地一家企业进行实地调研,了解该企业物流管理的现状,从需求和运营两方面分析其进行物流管理所涉及的内容和工作，讨论其物流管理取得成功的因素或在物流管理方面存在的不足及改进方案。

实验步骤

(1) 将全班同学分为 5 个组，8~10 人为一组。

(2) 选择调研对象。要求：在本地区选择一家企业，了解其在物流配送、运输、仓储等环节的物流管理现状。

(3) 确定调研方式，一般采取实地考察、访谈、问卷调查相结合的方式。

(4) 制定调研计划，应包括调研时间、人员组织、经费预算等。

(5) 进行调研前准备工作。上网收集调研对象资料、制定调查问卷或访谈提纲，进行调研基本技能训练。

(6) 实地调研。

(7) 整理调研资料，形成不少于 3000 字的调研报告。

实验 3　干线运输组织方案设计

实验目的和要求

(1) 实验目的：了解长途运输方案选择的方法和步骤。

(2) 实验要求：掌握干线运输决策的选择与优化方法、运输合理化的内容，结合具体案例背景，设计一套选择运输方案的基本模型。

(3) 实验学时：4 学时。

实验条件或设备

(1) 计算机（基本配置：2GB 硬盘，15 英寸液晶显示器，P4 3.0 GHz CPU，Windows XP 操作系统）、Office 软件。

(2) 宽带上网、多媒体教学设备。

(3) QSB，规划求解功能。

方案背景

某电器连锁集团公司平均每个月有 50 t 电器商品由大连运到上海，商品以整箱装，每箱重 50 kg。长途运输情况：从大连到上海铁路 1200 km，公路 1500 km，水路 1000 km。要求每个月可以分几次运输，每次交货期越短越好。

可供选择的运输方案如表 9.1 所示。

表 9.1 运输方案

方案	方案内容	交货期	运输费用	其他费用	装卸次数
方案 1	公司自行运输,用 10t 卡车运输	准备时间 1 天运输时间 3 天	2000 元/t	120 元/t	2
方案 2	用铁路运输	准备时间 3 天运输时间 3 天	3600 元/t	200 元/t	4
方案 3	用船运输	准备时间 3 天运输时间 4 天	1600 元/t	240 元/t	4
方案 4	外包给专业联运公司	准备时间 2 天运输时间 3 天	2500 元/t	100 元/t	2

请为该电器公司设计一套选择运输方案的基本模型,并对该公司的 4 个备选方案进行综合评价。

方案设计参考

根据已知条件,按照选择方案的基本模型进行以下操作:

1. 进行交货期的绩效评估

由于案例要求交货期越短越好,那么交货期越短的方案合理性分值越高。为平衡各因素的合理性,我们把所有合理性分值统一按 10 分制打分,最高 10 分,最低 1 分,如表 9.2 所示。

表 9.2 方案交货期评分

方案	交货期	交货期合理性分值	交货期重要性分值	绩效总分	排名
方案 1	4 天	9	32	288	1
方案 2	6	7		224	3
方案 3	7	6		192	4
方案 4	5	8		256	2

2. 运输成本绩效分析

先计算各方案运输成本,再给各方案的成本合理性打分,然后乘以成本重要性分值,最后得出运输成本绩效总分,如表 9.3 所示。

表 9.3 合理方案选择

方案	运输费用(元/t)	其他费用(元/t)	运输成本合计(元/t)	运输成本合理性分值	运输成本重要性分值	运输成本绩效总分	运输成本绩效排名
方案 1	2000	120	2120	8	20	160	2
方案 2	3600	200	3800	3		60	4
方案 3	1600	240	1840	10		200	1
方案 4	2500	100	2600	7		140	3

3. 给各方案辅助因素的合理性打分(得分越高的合理性越好)

各方案辅助因素的合理性打分如表 9.4 所示。

表 9.4 各方案打分

项目 方案		服务质量	商品种类的合理性	商品数量的合理性	运输时间	安全性	里程合理性	可达性	业务便利性	辅助因素绩效总分	辅助因素绩效排名
方案 1	公司自行运输	8	6	6	6	7	5	8	8	301	2
方案 2	铁路运输	6	5	5	6	7	8	3	2	266	4
方案 3	船运输	7	6	4	5	6	8	3	3	271	3
方案 4	外包专业联运公司	8	8	7	7	8	7	8	6	362	1

把分值(X)乘以表 9.1 所对应的重要性分值就是该方案各辅助因素的加权绩效得分。

4. 最合适方案

最后列出表 9.5 所示表格进行比较分析,总分值最高的方案就是相对最合适的方案。

表 9.5 各方案排名

方案	交货期绩效总分	运输成本绩效总分	辅助因素绩效总分	绩效总分值	排名
方案 1	288	160	301	749	2
方案 2	224	60	266	550	4
方案 3	192	200	271	663	3
方案 4	256	140	362	758	1

根据以上对比可以看出,如果只强调交货期的话,可以选择方案 1;如果只强

调运输成本的话,可以选择方案 3;如果对各因素进行综合考虑的话,最好选择方案 4。

当然,选择哪个方案要根据实际运输环境的状况,以及顾客对运输交货条件的要求等因素来具体决策。

实验作业

请运用下面的服务性能指标的综合评价模型为以上电器公司重新设计运输方式选择方案。

$$P_c = \max\{p_k\}$$
$$p_k = R_{dk} + a_2 C_{dk} + a_3 T_{dk} + a_4 F_{dk}$$

实验 4 城市配送网络设计与优化

实验目的和要求

(1) 实验目的:了解配送中心的种类和配送网络设计的类型;掌握配送线路优化的方法(节约法、表上作业法)。

(2) 实验要求:在了解和掌握城市配送运输组织和决策的基本理论的基础上,结合具体实例,设计合理的配送网络,制定高效的运输线路。

实验条件或设备

(1) 计算机(基本配置:2GB 硬盘,15 英寸液晶显示器,P4 3.0 GHz CPU,Windows XP 操作系统)、Office 软件。

(2) 宽带上网、多媒体教学设备。

(3) QSB,规划求解功能。

方案背景及设计要求

方案 1

上海迅达物流配送中心 P_0 向 5 个连锁零售用户 P_j 配送货物,其配送路线网络、配送中心与用户的距离以及用户之间的距离如图 9.1 所示,图中括号内的数字表示客户的需求量(单位:t),线路上的数字表示两节点之间的距离,配送中心有 3 台 2t 卡车和 2 台 4t 卡车可供使用。

(1) 试利用节约里程法制定最优的配送方案。

(2) 设卡车行驶的速度平均为 40 km/h,试比较优化后的方案比单独向各用户配送可节约多少时间。

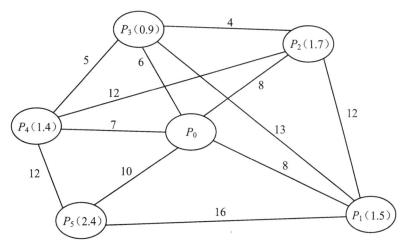

图 9.1　配送线路图

方案 2

某集团公司有一批货物要从 3 个配送中心运往 4 个销售点。各发点的发货量、各收点的收货量以及单位运费如表 9.6 所示。

表 9.6　发货量、收货量及单位运价

发点＼收点	B1	B2	B3	B4	发量
A1	9	18	1	10	9
A2	11	6	8	18	10
A3	14	12	2	16	6
收量	4	9	7	5	25

注：运量以 t 为计量单位，运费单位为元/t。

(1) 如何组织运输才能使总运费最小。

(2) 计算最少总运费是多少。

实验 5　车辆调度与配载方案设计

实验目的和要求

(1) 实验目的：了解和掌握配送中心车辆配置数量方案选择的方法和步骤，在租车和自备车辆选择中，如何既能保证配送需要，又能降低车辆运营成本；掌握零担货物车辆配载方案的选择方法，在充分保证货物质量和数量完好的前提下，尽可能提高车辆在容积和载重方面的装载量。

(2) 实验要求:在掌握配送中心车辆配置方案选择的方法和货物车辆配载方案选择方法的基础上,通过配送中心的具体业务数据为配送中心设计车辆配置和配载方案。

实验内容

根据案例资料,以实现配送中心运输费用最小为目标构建模型,通过成本—效益分析法求解配送中心合理的自有配送车辆数。在装载方案中,分别测定商品的密度和体积,通过方程求得满载满容的最佳搭配。

实验条件或设备

计算机(基本配置:2GB 硬盘,15 英寸液晶显示器,P4 3.0 GHz CPU,Windows XP 操作系统)、Office 软件。

方案设计背景

某配送中心有 5 批货物,需要通过铁路装载运输,这 5 批货物的质量分别为 20t、32t、18t、10t、32t,其相应的货物体积分别为 30m³、24m³、22m³、15 m³、60 m³。用铁路棚车装运,铁路棚车的最大装运质量是 60t,即 $W_0=60t$,最大装运体积为 120 m³,分别按不同的优化目标配装。

方案设计要求:

(1) 以货车静载重最大为优化目标,如何装载?

(2) 以货车装载容积最大为优化目标,如何装载?

(3) 对比以上两种配载方案,哪种方式更优?

参考文献

[1] 茹少峰.管理运筹学[M].北京:清华大学出版社,北京交通大学出版社,2008.
[2] 韩大卫.管理运筹学:模型与方法[M].北京:清华大学出版社,2009.
[3] 崔福荫.经济数学基础:线性规划[M].北京:高等教育出版社,2003.
[4] 张文杰,李学伟.管理运筹学[M].北京:中国铁道出版社,2004.
[5] 卢向南,秦复明.应用运筹学[M].杭州:浙江大学出版社,2004.
[6] 徐玖平.运筹学[M].北京:科学出版社,2005.
[7] 吴祈宗.运筹学[M].北京:机械工业出版社,2005.
[8] 牛映武.运筹学[M].西安:西安交通大学出版社,2006.
[9] 赵玮.随机运筹学[M].北京:高等教育出版社,1993.
[10] 邱菀华.运筹学教程[M].北京:机械工业出版社,2006.
[11] 朱德通.运筹学[M].上海:上海人民教育出版社,2001.
[12] 蒋阳升.交通调查与交通规划需求预测[M].重庆:西南交通大学出版社,2009.
[13] 闫小勇,刘博航.交通规划软件实验教程[M].北京:机械工业出版社,2006.
[14] 邵春福.交通规划原理[M].北京:中国铁道出版社,2004.
[15] 王炜,陈学武.交通规划[M].北京:人民交通出版社,2007.
[16] 辟途威交通科技(上海)有限公司.VISSIM用户手册.2008.
[17] 胡永举.交通港站与枢纽设计[M].北京:人民交通出版社,2012.
[18] 郭子坚.港口规划与布置[M].3版.北京:人民交通出版社,2011.
[19] 崔书堂.交通运输组织学[M].南京:东南大学出版社,2008.
[20] 骆勇,宇仁德.道路运输组织学[M].北京:人民交通出版社,2006.
[21] 张春娥.道路工程制图[M].济南:山东大学出版社,2006.
[22] 肖贵平,朱晓宁.交通安全工程[M].2版.北京:中国铁道出版社,2011.
[23] 谷志杰,丛国权.交通事故处理及其预防[M].北京:中国人民公安大学出版社,2002.
[24] 李江,傅晓光,李作敏.现代道路交通管理[M].北京:人民交通出版社,2000.
[25] 田宏.安全系统工程[M].北京:中国标准出版社,2014.

[26] 过秀成.道路交通安全学[M].2版.南京:东南大学出版社,2011.

[27] 沈斐敏.道路交通安全[M].北京:机械工业出版社,2007.

[28] 郑安文.道路交通安全与管理:事故成因分析和预防策略[M].北京:机械工业出版社,2008.

[29] 辟途威交通科技(上海)有限公司.Synchro用户手册.2006.

[30] 李孟涛.物流常用数学工具实验教程:基于Excel的建模求解[M].北京:中国人民大学出版社,2011.

[31] 尹静,马常松.FlexSim物流系统建模与仿真[M].北京:冶金工业出版社,2014.

[32] 殷延海.物流运营方案设计与分析[M].北京:清华大学出版社,2012.

[33] 邬跃,李彦萍,等.物流实验教程[M].北京:高等教育出版社,2009.

[34] 赵宁.物流系统仿真案例[M].北京:北京大学出版社,2012.